O Código Pleiadiano

O Grande Resgate da Alma

Eva Marquez

O Código Pleiadiano

O Grande Resgate da Alma

Tradução:
Marcelo Albuquerque

MADRAS®

Publicado originalmente em inglês sob o título *The Pleiadian Code*.
© 2018, Eva Marquez.
Direitos de tadução e edição em todos os países de língua portuguesa.
Tradução autorizada do inglês.
© 2021, Madras Editora Ltda.

Editor:
Wagner Veneziani Costa (*in memoriam*)

Produção e Capa:
Equipe Técnica Madras

Tradução:
Marcelo Albuquerque

Revisão da Tradução:
Jefferson Rosado

Foto da Autora:
Silke Tyler, www.silkesart.com

Revisão:
Arlete Genari
Barbara Veneziani

Dados Internacionais de Catalogação na Publicação
(CIP)(Câmara Brasileira do Livro, SP, Brasil)

Marquez, Eva
O código pleiadiano: o grande resgate da alma/Eva Marquez; tradução Marcelo Albuquerque. – 1. ed. – São Paulo: Madras Editora, 2021.
Título original: Pleiadian Code - The Great Soul Rescue

ISBN 978-65-5620-010-1

1. Alma 2. Cura – Aspectos religiosos 3. Espiritualidade 4. Universo I. Título.

21-54211   CDD-133.9

Índices para catálogo sistemático:
1. Espiritualidade 133.9
Aline Graziele Benitez – Bibliotecária – CRB-1/3129

É proibida a reprodução total ou parcial desta obra, de qualquer forma ou por qualquer meio eletrônico, mecânico, inclusive por meio de processos xerográficos, incluindo ainda o uso da internet, sem a permissão expressa da Madras Editora, na pessoa de seu editor (Lei nº 9.610, de 19/2/1998).

Todos os direitos desta edição, em língua portuguesa, reservados pela

MADRAS EDITORA LTDA.
Rua Paulo Gonçalves, 88 – Santana
CEP: 02403-020 – São Paulo/SP
Caixa Postal: 12183 – CEP: 02013-970
Tel.: (11) 2281-5555 – (11) 98128-7754
www.madras.com.br

Dedicatória

Apesar de sermos todos diferentes, partilhamos o mesmo objetivo de servir à humanidade. Podemos falar diferentes idiomas, mas nossos corações falam a mesma língua do amor incondicional. Este livro é dedicado a todos que falam a língua universal do amor incondicional.

Exoneração

Nomes e detalhes identificadores foram alterados para proteger a privacidade das pessoas. Este livro não pretende substituir o aconselhamento médico. O leitor deve consultar, regularmente, um profissional para questões ligadas à sua saúde e, particularmente, em relação a sintomas que possam exigir atenção ou diagnóstico médico.

Agradecimentos

Dádivas entram em nossas vidas de formas muito distintas, e quando menos esperamos. Aceitar os Pleiadianos como parte de minha família e vida diária tornou-se a maior dádiva que eu poderia desejar. Abriu-se uma porta para infinitas possibilidades, não apenas para mim, mas para todos aqueles que encontro nesta jornada e que foram destemidos o suficiente para passar por essa porta, com os Pleiadianos, e entrar neste infinito parque de diversões que chamamos de vida. Obrigada a todos os meus amigos e clientes. Vocês foram a inspiração para que eu escrevesse este livro. Que vocês sejam abençoados com felicidade, saúde, abundância, e estejam sempre cercados pelo amor incondicional.

Sou grata a toda a minha equipe de editores Pleiadianos. A Katie Thicke, pela sua primeira edição e por inspirar sentido em meu texto (como vocês já sabem, o inglês é meu segundo idioma e, às vezes, pode ser confuso); por me encorajar a escrever quando eu me sentia bloqueada, por seu entusiasmo para ouvir os diferentes lados da história, e por fazer muitas perguntas aos Pleiadianos. Sou grata ao meu marido, Tom Marquez, e à minha filha, Eva Marquez, por pacientemente revisarem o segundo e o terceiro esboços, vivendo por meio desta história, e pelas muitas conversas maravilhosas que nasceram dela. Vou estimar esses momentos para sempre. E ao meu filho, Ethan Marquez, que ajudou com seu impressionante conhecimento de informática e algumas revisões.

Quero expressar minha mais profunda gratidão à minha amiga e verdadeira professora Ann, que conheci ao longo de muitas vidas. Ela me ajudou a lembrar do amor de Deus, que eu tinha tanto receio em aceitar. Os Pleiadianos não me disseram que ela é detentora da frequência do amor incondicional e da paz de Deus, eles apenas organizaram habilmente para que partilhássemos o mesmo caminho durante certo tempo, para que eu abandonasse meus medos humanos e escolhesse, livremente, incorporar a mesma frequência. O Código Pleiadiano surgiu como uma transferência durante uma de nossas visitas. Ela me ensinou sobre a identificação e cura dos padrões de vida que partilho com vocês neste livro.

Agradeço, sinceramente, a David R. Hawkins, por escrever o livro *The Eye of the I, From Which Nothing is Hidden*. Os Pleiadianos me guiaram para estudar o Mapa de Consciência que David Hawkins partilha em seu livro.

Sou grata a Renata Jokl, por sua amizade. Por suas habilidades de acupuntura não convencionais, que nos levaram a muitas viagens meditativas; por seu amor pelos Pleiadianos, pelos deliciosos cafés da manhã que ela prepara quando preciso de uma pausa, e pelas conversas estimulantes que partilhamos.

Obrigada a toda a minha família de alma de Charleston. Àqueles que ainda vivem aqui, àqueles que se mudaram, e àqueles que passaram para o outro lado. Vocês são minha família de alma. Sou grata por nossas conversas pessoais, por nossas conversas estranhas, por nosso círculo de cura e pelas festas e reuniões que partilhamos. Amo todos vocês incondicionalmente.

Um agradecimento especial a Michael Nagula e à editora AMRA, e a toda a sua excelente equipe, por todas as oportunidades que eles oferecem aos autores. Os Pleiadianos e eu somos gratos por tudo que vocês fazem, não apenas por nós, mas por todos.

Índice

Prefácio 15

Capítulo 1 – Chamas Gêmeas 19
    Tia-la e Aro, registro akáshico 19
    O ensinamento da chama gêmea 30
    O verdadeiro amor 33

Capítulo 2 – Alma, Ego e Você 35
    Alma 35
    Ego 36
    Você 37
    O carro de três rodas 37
    Fim do ciclo 39
    As almas com transtorno do estresse pós-traumático ... 39
    Você é um Médico de Almas 40
    O mundo 4D é uma armadilha para a alma 40
    Não entre em pânico 41
    Siobhan, registro akáshico 42
    Jamie 44

Capítulo 3 – A Missão Pleidiana 47
    Manipulação genética 47
    Códigos espirituais e matemáticos 51
    Cristal do Deus Substituto 52
    Mapa estelar 54
    Chacras 56
    Meridianos 58

O código dos números 60
O significado espiritual da Sequência de Fibonacci 60
Trabalhando com a sequência de Fibonacci,
construindo seu destino 61
A trindade 69
O jogo da vida 71

Capítulo 4 – Deus é um Triângulo 73
O fator consciência 77

Capítulo 5 – O DNA Físico 79
Função básica 80
Ações conscientes 80
O ego escolhe o programa 81
O programa da vítima 83
O padrão da vítima – emprego novo 85
O padrão curativo da vítima – emprego novo 87
O programa do agressor 89
O padrão do agressor – possuir um negócio 90
O padrão curativo do agressor – possuir um negócio 92

Capítulo 6 – Ferramentas para a Transformação do Ego 95
Construindo um refúgio seguro para seu
ego – ferramenta 96
A energia neutra 97
Mantendo-se neutro – ferramenta 98
Libertação rápida do medo e
da ansiedade – ferramenta 99
Libertação rápida dos sentimentos de vergonha, culpa
e humilhação – ferramenta 99
Raiva 100
A anatomia da raiva 100
Dominando o fogo – ferramenta 102
Descobrindo a origem de sua raiva – ferramenta 103
Imparcialidade 104

Estimulando o fogo criativo – ferramenta 106
Quando o novo programa finalmente registra 107
Região pobre, região rica e região boa a parábola
das três regiões distintas 108

Capítulo 7 – As Três Feridas Originais da Alma 113
   A porta para o seu passado – exercício de energia 114
   As vidas passadas são reveladas nos sonhos 115

Capítulo 8 – O Caminho da Luz e o Caminho da Escuridão 119
   Parte 1 – O Caminho da Luz 119
     A destruição de Atlântida 119
     O início do Caminho da Escuridão 121
     O Egito 122
     Dimensões dilaceradas 122
     O Templo de Hathor 123
     Paralisia do sono em sua vida atual 124
     Ajuda consciente *versus* ajuda inconsciente 126
     A criação das Escolas de Mistério 126
     Espíritos de animais 129
   Parte 2 – O Caminho da Escuridão 131
     A criação dos humanos 131
     O controle definitivo 133
     Idioma 134
     Aprendendo a decifrar o univers – a linguagem
     dos números 137
     A grande inundação 141
     Kara – registro akáshico 144
     Cindy 146
     A cura da alma 147

Capítulo 9 – O Nascimento e a Morte de Jesus Cristo 149
   Os descendentes da tribo atlanteana 149
   Os filhos de Belial 151
   Os essênios 151
   Jesus Cristo 153

Ano Um 155
Regras atlanteanas antigas seguidas pelos Essênios 157

**Capítulo 10 – As Mulheres Sábias
e os Julgamentos das Bruxas** 159
Maria Madalena 160
As mulheres sábias 161
A caça às bruxas 164
A Caverna da Alma 164
A guerra entre a escuridão e a luz 166
Começa a luta 167
Carma e maldições 168
O novo amanhecer 169
Escondendo a essência de seu ser 170
Entrando nos anos inconscientes 171
A história que você não ouviu 172
O caminho para a cura 174
A revogação das maldições 174
Descobrindo o símbolo de sua alma 176

**Capítulo 11 – O Campo Quântico das
Possibilidades Ilimitadas** 179
O próximo passo 180
Relembrando as suas memórias 181
O novo humano 182

Prefácio

"O amor é a essência do seu ser. O amor é cura miraculosa que o ajudará a se curar. O amor é o portal
para sua viagem rumo às estrelas."

O Código Pleidiano é uma ferramenta que as sementes estelares utilizam para examinar as histórias pessoais e globais, com o objetivo de adquirir uma compreensão mais profunda. Essa ferramenta pode guiar seu caminho no sentido de se lembrar de quem você realmente é. Além disso, ela o ajudará a mover sua bússola interna na direção do objetivo de iniciar sua viagem de cura da alma. Basicamente, o objetivo final do Código Pleidiano é ajudá-lo a retornar ao Universo quando você estiver preparado.

Tudo é energia. Tudo que já existiu possui uma marca energética. Você não pode destruir essa energia, embora possa movê-la, ou melhor, transformá-la. Além disso, todas as marcas energéticas que alguma vez emergiram estão registradas e podem ser acessadas pela Mente Universal. Esses registros estão disponíveis a qualquer um que procure o conhecimento com o objetivo do crescimento espiritual da alma. Esse conhecimento é tão gratuito quanto o ar que você respira. Parte da sabedoria adquirida por meio desses registros pode ser acessada neste livro.

Durante sua permanência na Terra, você vivenciará vários níveis e tipos de medo. Isso se deve ao antigo fato de que o medo tem de mantê-lo sob controle com o intuito de ajudá-lo a sobreviver.

O amor incondicional é o único verdadeiro oposto ao medo. A ideia de amor incondicional é anormal à mentalidade do medo. Para superar esse medo, o amor deve ser descoberto e estabelecido como uma nova forma de pensamento possível.

No momento, a única forma de encontrar o estado de amor puro é libertando as emoções negativas retidas na parte mais baixa da mente subconsciente de cada um. As emoções negativas podem ser negação, raiva, ciúme, culpa, desespero, responsabilidade, ódio, etc. Depois de passar por uma viagem da alma, podemos enxergar a verdade após a aceitação e rendição ao conhecimento divino. Isso abrirá uma porta para o estado de amor incondicional. Se devemos ultrapassar o estado de medo antes de nos rendermos à lógica do amor incondicional, podemos dizer que o amor nasce do medo.

Neste livro, a Origem/Universo/Criador será mencionado como Deus. A palavra Deus foi utilizada de maneira indevida ao longo de sua história, em geral, para mantê-lo em um estado de medo. Isso acontece para que você seja facilmente controlado por aqueles que, falsamente, fizeram você acreditar que eles eram o Deus superior. No entanto, a palavra Deus contém, em si mesma, uma alta frequência plena de poder. Essa frequência duplica-se como a essência do seu ser.

Deus, ou a frequência que a palavra contém, está em tudo que existe e em tudo que existirá. Ele está na escuridão, assim como ele está na luz. Ele representa todos nós. Essa energia criou os Pleiadianos, assim como ela criou você. Tudo foi igualmente criado a partir daquilo que chamamos de *Deus* neste livro. Deus não possui emoção, caráter, formato, cor ou som definidos. DEUS APENAS É! Deus pode ser tudo que você quiser que ele seja. Deus é você e você é Deus. Todos nós, coletivamente, viemos do mesmo Deus, assim como todos nós estamos em semelhantes viagens de retorno a Deus. Em sua própria viagem de retorno ao Universo, você pode até parar em planetas como as Plêiades, já que esses planetas foram, um dia, há muito tempo, sua casa. Assim como todas as viagens contêm o propósito original de acumular novas experiências, temos a honra de caminhar ao seu lado em sua jornada.

Com amor incondicional ~ Os Pleiadianos

Capítulo 1

As Chamas Gêmeas

Deus estava tranquilo em seu reino.

Calmamente, a energia de Deus se expandiu acima das dramáticas nuvens de luz e escuridão, e o amor incondicional fluía nessas nuvens.

Deus ama todas as suas criações porque tudo foi criado com a mesma energia, a energia da unidade. Nós, inclusive os Pleiadianos, somos todos filhos do mesmo Universo. Assumimos personalidades e características apenas depois de nos separarmos de Deus. Ele ouve todos os nossos apelos. Deus ouviu todos aqueles seres extraterrestres benevolentes que, em virtude de sua crença de que a luz é o melhor, sentiram que precisavam se separar mais para estar na luz. Deus também ouviu todos aqueles seres malévolos que sentiram que precisavam conquistar tudo, porque a escuridão é o melhor. Deus não julga e não escolhe favoritos. Então, a energia que chamamos Deus enviou uma frequência de amor incondicional para intensificar igualmente as duas polaridades com a intenção de que os opostos se atraíssem. Criou, assim, a união de chamas gêmeas, com o objetivo de acabar com a separação.

Tia-La e Aro, registro akáshico

Essa é uma história muito antiga, de quando nossa galáxia vivia em constante estado de guerra em virtude da Aliança da Escuridão e da Aliança da Luz viverem divididas e com a firme convicção de que uma era melhor que a outra.

Tia-La era uma bela princesa siriana que vivia em uma área isolada de Sirius A, com sua família e amigos. Mais que tudo, ela adorava passear pelos jardins majestosos que envolviam a residência de sua família. Ela era a perfeita personificação da energia do amor, da paz e da inocência. Como uma pura rosa branca com gotas do orvalho matinal brilhando ao sol. Sua energia refletia em sua sempre-presente aura visível como um brilho prateado incandescente. Tia-La era repleta de luz, generosa, amável, paciente, gentil e compreensiva. Ela passou a maior parte de sua vida ensinando crianças e ajudando-as a desenvolver sua imaginação, criatividade, telepatia e intuição interior. Era graciosa e sábia. Todos a adoravam. Sua missão siriana era ser iluminada, ensinar e ser a Guardiã da Sabedoria, assim como seus antepassados sirianos.

Em Sirius A, Tia-La cresceu como se vivesse em uma Utopia, acreditando que tudo era perfeito. Ela era descendente direta de uma família siriana muito antiga e influente. Assim, mantinha a linhagem sanguínea ancestral, o DNA original de Sírio. Sob essas circunstâncias, sua família concluiu que reter informação de vibrações baixas beneficiaria Tia-La, conforme ela considerava o futuro da raça de Sírio. Enquanto crescia, nunca ouviu falar sobre guerras, da Aliança da Escuridão ou de lutas no Universo. Ocasionalmente, ela viajava com sua família para as Plêiades e para Andrômeda. Sua família sempre organizava estadias belas e pacíficas, sem nenhuma interferência de notícias galácticas.

Sírio, Andrômeda e as Plêiades são planetas de alma ligados pelo poder de uma trindade. A energia da trindade atua como um catalisador e é respeitada por todo o Universo. Por essa razão, ele é uma zona franca de guerra universal. Deus estabeleceu essa situação há muito tempo, e ela é obedecida por todos.

Um dos deveres mais honoráveis de Sírio é ser escriba dos registros akáshicos. Ser escriba é uma escolha. Tia-La era ambiciosa e tinha orgulho de ser de Sírio. Ela adorava estudar história e mal podia esperar até poder se candidatar a uma vaga de escriba e cumprir de forma honrosa seus deveres sirianos. Naturalmente, sua família superprotetora tentou desencorajá-la a aceitar esse dever, porque como escriba dos registros akáshicos ela seria exposta à verdade sobre o Universo e ficaria ciente dos sérios problemas que existiam nele. No entanto, sua família não podia detê-la, então, eles secretamente organizaram para que ela fosse designada a trabalhos de escriba ligados às mais elevadas vibrações da história. Isso funcionou por pouco tempo.

Certo dia, quando todos estavam confortáveis acreditando que a jovem não seria exposta durante suas tarefas como escriba, ela abriu os registros proibidos que tratavam das guerras. O choque da novidade deixou-a em estado de confusão. Como ela poderia não saber? Como ninguém lhe disse nada? Pela primeira vez, Tia-La sentiu raiva e agitação, que levaram um descontentamento genuíno em sua alma. Ela conseguiu manter sua descoberta em segredo para ter tempo de processar a informação em sua mente.

Os registros akáshicos possuem uma quantidade substancial de registros históricos. Alguns deles também contêm o que se chama de registros da *energia da arte viva* codificados neles. Por exemplo, seria como acrescentar um videoclipe a um artigo de noticiário. A energia da arte viva significa que a energia do momento de sua captação está sempre presente. Quando você olha para uma fotografia que está codificada com energia de arte viva, ela se assemelha a alguns segundos de vídeo que mostram a pessoa, ou a cena, no momento em que foi captada.

Uma dessas imagens chamou a atenção de Tia-La. Ela leu extensamente sobre um tenebroso guerreiro de Órion chamado Aro. Ele era destemido, arrogante e frio. Ela imaginou que ele seria um homem horrível em um corpo velho e doente. Ela ficou indignada com todas as guerras que ele liderou, planetas que ele conquistou e coisas que ele fez. Apesar disso, por que ficou intrigada em saber mais sobre suas conquistas?, ela se perguntou. Então, deparou-se com uma imagem de arte viva dele, a qual a pegou totalmente de surpresa. Ela não sabia o que pensar! Olhou fixamente para os olhos azuis mais intensos, belos e penetrantes que olhavam diretamente para ela. Eles penetravam profundamente em sua alma, fazendo-a sentir que poderiam ler todos os seus pensamentos. Ela sentiu que deveria conhecer aqueles olhos! Perplexa, encarou o belo guerreiro com uma tonalidade leve, uma pele perfeita e maçãs do rosto salientes.

Ele tinha cabelo escuro, ondulado e penteado para trás; sobrancelhas dramáticas arqueadas sobre aqueles olhos aguçados e penetrantes. E lábios carnudos que poderiam convencer qualquer um de qualquer coisa. Rapidamente, Tia-La parou e desviou os olhos da imagem. Seu coração batia rapidamente; ela ficou confusa com aqueles olhos. Eles não eram malignos como imaginou que fossem. Existia algo diferente em Aro. E também a maneira como a notícia o descrevia. Mas havia algo naqueles olhos, algo que se comunicou com ela.

Essa história aconteceu no tempo em que Órion estava sob a orientação da Aliança da Escuridão. Aro, o guerreiro de Órion, encarnou em uma família da escuridão. Ele nunca questionou esse fato. Não podia se lembrar de seus pais, apenas se lembrava do treinamento militar estrito. Ele tinha de ser forte para sobreviver, e era o mais forte de todos. Aro não queria saber de Deus, ou sobre o fato de que todos nós viemos do mesmo lugar e escolhemos nosso caminho como uma experiência de aprendizagem apenas após sermos criados. Ele não sabia que estava preso em uma parte da dualidade e acreditava, sinceramente, que sua missão consistia em destruir e conquistar. Não conhecia felicidade ou amor, e não se preocupava com isso. A energia masculina tinha uma exigência, e essa exigência devia ser satisfeita por meio das ações corretas. Essa era sua crença. Afinal, ele foi criado dessa forma. Genuinamente ignorante em relação a tudo que acontecia, Aro viveu cada dia no limite, uma vez que estava, espiritualmente, em um sono subconsciente profundo. De acordo com ele, tudo era bom.

Um dia, tudo mudou. Ele teve um sonho, no qual andava em um jardim repleto de belas flores e, pela primeira vez na vida, sentiu-se relaxado e seguro. Aro realmente não sabia o que era a beleza, mas essas flores, e seu perfume mágico, causaram alguma coisa em seus sentidos e ele conseguiu compreender. Então avistou-a, caminhando. Sua figura alta e esguia movia-se com tal elegância, envolvida por um brilho prateado reluzente, seu farto cabelo castanho caíam sobre os ombros. Ele sentiu um desejo de tocá-la, apenas para saber se ela era real. Ela fixou seus olhos dourados nos olhos dele e sorriu. Os olhos dela eram brandos e enternecidos. Ele sentiu um calor propagar-se em seu peito. Ela parecia uma flor delicada. Algo dentro dele queria possuir essa flor.

Deitado na cama, seu corpo adormecido movia-se, agitado. Ele murmurou seu nome em um sonho, Tia-La, como se a conhecesse desde sempre. Nesse momento, suas almas se ligaram como dois imãs de diferentes polaridades, como se sempre estivessem interligadas. A luz e a escuridão se atraíram e a chama gêmea nasceu.

O tempo passou rapidamente depois que Tia-La descobriu Aro. Ela desenvolveu uma fascinação pelo guerreiro de Órion e seguiu suas muitas viagens lendo o material que recebia. Ela viu como ele era ameaçador, mas também viu uma bondade oculta dentro dele que ela sabia que mais ninguém notava. Aro trabalhou duro para esconder essa bondade. Houve seres cujas vidas ele poupou, e lugares que teriam sido arruinados ou destruídos para sempre, mas permaneceram de pé. Tia-La parecia saber que ele não pertencia à escuridão total. Ela olhava fixamente nos olhos dele todos os dias, e sua aura preenchia-se com a energia rosa do amor quando ele olhava para ela das imagens. O coração de Tia-La agitava-se, e ela pensava ser apenas sua imaginação.

Os sonhos de Aro com a bela Tia-la intensificaram-se e o deixaram maluco. Além de tudo isso, começou a mudar lentamente. Sentia empatia em relação a lugares e pessoas que ele teria, facilmente, prejudicado no passado. Empatia não era algo fácil de prosperar durante a Aliança da Escuridão, por isso ele tinha de esconder muito bem seus ocasionais atos de bondade. Isso o irritava muito! Por que mudava? O que aconteceu com ele? Estaria doente? Ele não percebia que estava despertando para a luz.

Tia-La, por sua vez, despertava para a escuridão. Ela vivenciou novos sentimentos como a contrariedade, a ansiedade, a raiva e o desejo de que as guerras terminassem. Também percebeu que amava Aro, mas não podia fazer nada em relação a isso. Desejava ajudá-lo. Tia-La sabia o que era o amor. Ela cresceu cercada por amor e acreditava que, se pudesse encontrar Aro e explicar-lhe que o amor é a energia mais elevada, todas essas guerras ridículas terminariam. Ele acabaria com elas e ela o ajudaria. Tia-La tomou como missão encontrar Aro e ensiná-lo sobre o amor e terminar com as guerras.

Quando Tia-La entrou em seu lado escuro, deixou de ouvir Deus. Ela não meditava mais sobre suas decisões. Era motivada *pelo amor carente e pelo desejo*. Isso a tornou ingênua e restringiu seus pensamentos. De certo modo, ela não percebeu que Aro não era o único guerreiro travando guerras. Ele fazia parte da Aliança da Escuridão e estava sob o comando de outros.

O amor carente pode cegá-lo enquanto o amor incondicional pode curá-lo.

Tia-La contou à família sobre sua descoberta nos registros akáshicos, mas manteve segredo sobre seu amor por Aro (ela nunca tivera segredos antes, essa é a energia do lado escuro). É claro que eles tentaram desencorajá-la a tomar qualquer atitude. Ela declarou que pediria ao Conselho da Luz uma posição para atuar como pacificadora entre outras nações estelares. Pensou que, por ser princesa, receberia esse cargo. Mas ela estava enganada, seu pedido foi recusado. O Conselho da Luz não lhe daria essa posição apenas por ela ser princesa.

Nesse momento, Tia-La foi corrompida pela energia escura e desejava mudar o Universo de acordo com aquilo que ela considerava correto. Aro foi contaminado pela energia de luz. Ele queria mudanças em sua vida e suas polaridades atraíam um ao outro. Então, Tia-La foi tomada pela fé e, secretamente, partiu em busca do guerreiro.

Ela acreditava que, se o convencesse a parar com todas as guerras e declarasse a paz pelo Universo, ambos seriam heróis, apaixonariam-se loucamente e viveriam felizes para sempre. Era um plano perfeito.

Infelizmente, logo após sua partida secreta, Tia-La foi capturada pelas forças da escuridão de Delta Orionis e perdeu sua liberdade. Os altos oficiais da escuridão reconheceram que se tratava de uma princesa real de Sírio e fizeram dela refém. Ao mesmo tempo, os sonhos de Aro com a bela princesa intensificavam-se. Intuitivamente, ele se sentiu guiado para tratar de negócios em Delta Orionis, onde Tia-La era mantida em cativeiro. Ele era um comandante de alto escalão com muito poder, por isso, com frequência, se reunia com um conselho de altos oficiais.

Em seu encontro com os oficiais da inteligência da Aliança da Escuridão, ele soube da captura da princesa de Sírio. Seu coração perdeu o ritmo, seu estômago contraiu-se como se alguém o fosse atacar, mas seu rosto permaneceu rígido como pedra. "Quem é essa princesa?", ele pensou. Por que seu corpo reagia? Na primeira oportunidade que teve, Aro foi ver a princesa. Com um olhar em seu rosto, reconheceu imediatamente a mulher de seus sonhos. Poderia ser? Ela seria real? A mulher que perseguia seus sonhos estava diante dele, olhando para ele. Tia-La o reconheceu intimamente, como ele a conhecia. Os olhos dela observavam o rosto dele com esperança. Ele não se atreveu a demonstrar qualquer reconhecimento ou compaixão por ela diante dos guardas, por isso partiu. Aro estava furioso. Tia-La ficou confusa, e a impaciência agitou-se dentro dela. Seus olhos se encontraram por um breve momento, ela sabia que ele a reconhecera, ou seria sua imaginação? O rosto dele não demonstrou emoção, ele não disse uma palavra e partiu tão rapidamente quanto chegou.

Por que isso estava acontecendo com ele? Aro abanou a cabeça em uma tentativa de clareá-la. Ele estava sempre contente, não se importava com nada. Fazia seu trabalho e era bastante ignorante em relação aos sentimentos, até Tia-La surgir em seus sonhos. Ela abriu dentro dele algo que ele não sabia que existia. Ele passou a se importar com todos os planetas que deveria conquistar. Agora, sentia compaixão por seres inocentes e tinha necessidade dela. Decidiu que tudo era culpa de Tia-La. Naquele momento, ele a odiou e odiou a si mesmo.

Durante o encontro, Aro descobriu que a Aliança da Escuridão planejava vender Tia-La pela melhor oferta. Sabia que o futuro dela seria tão escuro como sua alma estava antes de ele começar a sonhar com ela. Se ele a comprasse, seria altamente suspeito entre sua casta. Não poderia simplesmente comprá-la e viver feliz para sempre. "De qualquer forma, isso não fazia parte de seu destino", pensou, mas sua mente trabalhava na velocidade da luz em busca de um grande plano. A única forma de resgatá-la seria criando uma distração. E a única maneira de deixar sua vida atual para trás seria fingir sua própria morte.

Aro vivenciou um grande despertar. O choque de ter de salvar Tia-La abriu seus olhos e sua mente para novas realizações. Ele estava farto de guerras que nunca terminavam, de ver que tudo se tratava de conquistar ou ser conquistado, e de saber que ninguém tinha a intenção de acabar com isso. Foi o poder do amor que abriu seus olhos, mas Aro ainda não sabia disso. O planejamento levou alguns dias. Ele não poderia visitá-la ou permitir que ela soubesse que logo seria salva. Caso o fizesse, levantaria grandes suspeitas e isso o matava por dentro. Sua mente estava nebulosa com preocupações e ele não conseguia vê-la em seus sonhos. Pela primeira vez em sua vida, a culpa atormentava-o. Ele decidiu trair seu próprio povo para salvar Tia-La.

Secretamente, Aro deu dicas ao inimigo sobre como invadir os quartéis-generais de Delta Orionis. Quando a invasão começou, astutamente ofereceu-se para proteger a prisioneira de posição elevada. O cargo foi-lhe concedido sem nenhuma suspeita. Logo depois, ele entrou no local em que Tia-La fora aprisionada, o edifício explodiu e tudo foi transformado em pó. O plano-mestre incluía explosões, e todos acreditariam que Tia-La e ele teriam morrido em um destino infeliz.

Assim que penetrou o edifício, Aro matou todos os guardas e conduziu-a a bordo de uma nave espacial sem identificação, antes que a explosão acontecesse. A confusão da invasão e o pó da explosão encobriram a fuga e eles não foram detectados. Finalmente, estavam juntos e viajavam à velocidade da luz em direção ao desconhecido. Tinham tempo suficiente para desvendar seus sentimentos um para o outro, brigar e se amar. Eles eram espelhos um para o outro, e mostravam um ao outro aquilo que lhes faltava.

O tempo passou e, por fim, ambos estavam desorientados sobre o que viria a seguir.

Os dois tiveram de abdicar de sua vida. Nada era como eles imaginavam que seria. Embora os sentimentos de amor apaixonado fossem surpreendentes, havia memórias da alma não cicatrizadas que criaram dores indesejadas. Tia-La não terminou com as guerras e sentia falta de sua família. Ela sentia culpa por ter partido sem se despedir. Agora, nunca mais os veria novamente. Aro perdeu tudo que conhecia e em que acreditava. Traiu seu povo e vivia com medo de que a Aliança da Escuridão descobrisse a verdade. Ele sabia muito bem o que eles fariam com Tia-La, e o medo de não ser capaz de protegê-la tornou-se um pesadelo. Ele também passou a sentir culpa pelas ações que praticou em sua vida antes do despertar.

Seu amor gêmeo era baseado nas necessidades de ambos, necessidades energéticas (peças de quebra-cabeças) de que ambos careciam. Eles davam e recebiam, machucavam e curavam. Amavam e odiavam, imploravam e exigiam, mas ainda não tinham aprendido a se comprometer a se encontrar em terreno neutro: *a serem iguais*.

Por fim, eles concordaram em contatar, secretamente, a família de Tia-La em Sirius e avisá-los de que ela estava viva. Sua família alegrou-se com a informação, mas Tia-La e Aro não podiam visitar Sirius, já que todos acreditavam que ela estava morta. Caso reaparecesse milagrosamente, isso traria um grande perigo para todos. Então, viveram escondidos e sua vida de conto de fadas não era tão brilhante quanto eles achavam que seria.

A família de Tia-La voltou-se para Deus e perguntou como poderiam ajudar o casal, para que eles também pudessem encontrar a felicidade e a paz eternas, sem terem de viver escondidos. Deus os orientou a se unirem aos Pleiadianos em seu projeto na Terra. O objetivo desse projeto era aprender sobre todos os aspectos da dualidade, a escuridão e a luz, com o propósito de encontrar o caminho para a casa de Deus. O casal de chama gêmea aceitou essa oportunidade.

Você pode perguntar, eles tiveram de vir para a Terra para aprender isso, para unir suas polaridades? A resposta, simplesmente, é *não*. Sempre há múltiplas escolhas. Se eles tivessem seguido a orientação de Deus em vez de seu ego, desde a primeira realização de sua ligação, teriam sido guiados sobre como alcançar sua união, como terminar com as guerras, como viver em harmonia e paz. Agora, na Terra, eles receberam a oportunidade de aprender o significado de velho ditado: "libertar e deixar Deus agir".

Eles chegaram durante a época da Atlântida. A densidade da Terra eleva as emoções de baixa vibração, como a vergonha, a culpa, o medo, a ansiedade, o desejo, etc. Isso foi um grande obstáculo para ambos, algo que eles não esperavam. Felizmente, foram acolhidos pela família de alma Pleiadiana de luz. Os Pleiadianos são curadores da alma e os ajudaram a compreender aquilo que sentiam. Eles os ajudaram a ver a verdadeira dor/ferida em suas almas. Como aconteceu, por que aconteceu e como eles transformaram todas essas emoções de baixa densidade em emoções de alta vibração para curar suas almas.

Todas as mudanças levam tempo. Não há mudança até você estar pronto para ver claramente todas as coisas como elas são. Até você atingir a percepção de que você é o criador de seu próprio sofrimento, e só você pode mudar isso. Você não é a vítima. Você apenas pensa que é porque está desconectado de seu eu superior e de Deus.

Tia-La e Aro realmente se sentiam como vítimas de suas próprias circunstâncias. Ambos eram teimosos e achavam que sua maneira era a maneira correta.

Aro ficou exausto com o sofrimento emocional que suportava todos os dias, porque se culpava por tudo. Ele tinha necessidade de controlar o futuro de ambos, que era incerto. Sentia raiva com frequência. Ele se odiava e pensava: como alguém poderia amá-lo? Sentia que sua vida estava acabada, ele chegara ao fim. Que não importava o que fizesse, ele não poderia fazer Tia-La feliz.

Tia-La também tinha suas próprias frustrações. Amava a vida nova de ambos na Atlântida. Ela conheceu tantos irmãos e irmãs de alma que fizeram com que se sentisse em casa, em Sirius. Dava aulas para crianças novamente e caminhava por belos jardins. Ela amava a Terra, também amava Aro, mas o amor deles sempre enfrentava sérios problemas. Perguntava-se por que o amor tinha de ser tão doloroso. Ela se lembrava do amor como a energia mais bela e profunda que alguma vez vivenciara. Agora seu amor estava ligado ao medo e ao controle. Sentia que não importava o que fizesse, não poderia fazer Aro feliz.

Um dia, quando estava caminhando pelo jardim, Tia-La se abaixou para observar seu reflexo no riacho. Seu brilho prateado desaparecera, ela estava triste e cansada. Ela conseguia ver os erros que cometera e sabia que não havia ninguém mais para culpá-la, a não ser ela mesma. De repente, ela se lembrou de como costumava conversar com Deus quando estava triste. Sem nem mesmo notar, toda a sua história se derramava com suas lágrimas no riacho.

Naquela manhã, Aro despertou com a intuição de, finalmente, ceder. Pela primeira vez, reconheceu seu eu interior e começou a meditar, aventurando-se nas profundezas da escuridão dentro de si mesmo. Ele não mais lutava contra o desejo de esquecer tudo que fizera. Aceitou os fatos e todas as consequências que eles trariam, embora isso significasse sua própria morte. Caminhou por sua própria escuridão; como se ela fosse um túnel onde ele observava todas as partes de sua vida. Ele ficou triste e chorou, reconheceu todos os seus atos e aquilo que aprendera com eles. Então, avistou um sinal: "Perdoe-se e ofereça o perdão aos outros". Em meio a soluços inconsoláveis, ele perdoou a si mesmo e aos outros. Não sabia quanto tempo passou ali, por quanto tempo ele chorou ou quanto tempo levou para se perdoar. Aro rendeu-se e aceitou o lado escuro que existia dentro dele, sabendo totalmente como poderia ser destrutivo.

Isso o conduziu a um novo tipo de energia. Pela primeira vez em sua vida, ele sentiu o amor de Deus, sentiu-se cercado por magníficos seres benevolentes de todas as partes do Universo, seja com natureza luminosa ou escura. Todos eles emanavam o amor incondicional em Aro. Pela primeira vez em sua vida, ele sentiu a escuridão e a luz se unirem dentro dele. Não havia necessidade ou desejo, o amor que ele sentia era incondicional. O amor abriu o final do túnel e a luz entrou. Por essa luz entrou o mais belo ser, envolvido por um brilho prateado reluzente, seu vestido branco esvoaçava delicadamente conforme ela se movia, seu cabelo castanho caía pelas costas, seus olhos dourados sorriam e ela o chamou pelo seu nome. Aro levantou-se e correu em direção a Tia-La.

Ambos se renderam. Aceitaram sua luz, sua escuridão e as circunstâncias de suas vidas. Eles se perdoaram. Estavam repletos de amor incondicional. Suas almas reluziam as cores do arco-íris para que outras chamas gêmeas pudessem seguir esse caminho, o caminho do arco-íris da alma gêmea que cura a alma.

A experiência os deixou completos novamente. Ele não precisava mais dela, ela não precisava mais dele, no entanto, eles queriam estar um com o outro. Seu amor incondicional era puro, forte e infinito. Eles poderiam, facilmente, seguir caminhos separados sentindo o mesmo um pelo outro, desejando o melhor para o outro, em qualquer circunstância. Eles decidiram ficar juntos, já que ambos sentiam um amor incondicional um pelo outro. Decidiram dedicar suas vidas a propagar informação para e sobre outras chamas gêmeas. Afinal, o amor universal é a frequência mais elevada. Eles construíram o Templo da Chama Gêmea em Atlântida, espelhando-o em Sirius B e dedicando sua energia e vida a essa viagem sagrada.

O ensinamento da chama gêmea

A energia da chama gêmea intensifica a atração e a paixão. A energia das chamas gêmeas cria *desejos e necessidades* que são, com frequência, confundidos com o amor, quando, na realidade, essa energia trabalha como um espelho que lhe mostra aquilo de que você precisa. A intensidade das relações de chamas gêmeas abre a porta para encontrar as partes perdidas de cada um, e as oportunidades para a cura da alma. A energia da chama gêmea nos ajuda a encontrar os lados opostos em nós mesmos, a escuridão e a luz dentro de nós que devemos unificar. Em virtude disso, o *amor carente* da chama gêmea pode transcender em amor incondicional, unidade e integridade. Isso ocorre apenas depois de ambas as polaridades se aceitarem do jeito que são e se entregarem ao arbítrio de Deus, em vez de sua própria vontade.

Você não pode mudar uma pessoa para que ela seja do jeito que você quer, mas pode aceitá-la como ela é. Respeite as escolhas da alma da outra pessoa, ame-a incondicionalmente.

Pergunte a si mesmo, o que lhe falta? O que o estimula? Em vez de querer mudar o outro, mude a si mesmo. Trabalhe você mesmo. Identifique suas fraquezas e seus bloqueios. Cure sua alma, encontre o amor próprio incondicional e observe como sua mudança influencia a outra pessoa.

Vá para dentro de si com frequência, não tenha medo de abrir a porta da escuridão e da luz e aceite os dois lados como forças equivalentes. Naturalmente, você tem medo da escuridão, mas a escuridão é uma parte natural de você, e aceitá-la abrirá a porta oculta para o poder definitivo que você possui e teme. Assim como Deus, você pode criar ou destruir com um simples pensamento. Depende da sua escolha. Aquele que detém o poder possui a integridade alinhada com o eu supremo e com Deus. Transcender a dualidade em unidade e incorporar totalmente a unidade interior é a chave para o poder de alma definitivo.

Eduardo e Natália

Em 2018, eu trabalhava na cura de uma relação passada com Eduardo, meu cliente. A história que você acabou de ler era do registro akáshico de Eduardo.

Eduardo (Aro) terminou um casamento de cinco anos com sua esposa Natália (Tia-La) de forma muito desagradável. Ambos eram teimosos, nervosos e culpavam um ao outro pelo fracasso. Eduardo despertou para a espiritualidade por meio de um enorme sofrimento da alma e com problemas em sua empresa. Ele estava disposto a enfrentar sua escuridão para curar o que havia entre eles, pelo bem de seus dois filhos pequenos.

Conforme trabalhávamos, ele começou a ver seu ego, que estava bastante inflado nessa época. Para minha agradável surpresa, ele transformou a teimosia na mais positiva determinação que você possa imaginar. Isso o impulsionou em sua viagem de cura.

O começo de sua viagem de consciência foi doloroso e difícil. Houve muitos altos e baixos. Ele começou a ler livros espirituais que o interessavam, aplicou o conhecimento que aprendeu e, lentamente, começou a mudar. A parte mais admirável era que, conforme mudava, toda sua família começou a se curar. Sua mãe, sua irmã, pessoas à volta dele começaram a mudar e a falar a verdade. Ele até começou a curar sua empresa e teve muitas ideias novas.

Eduardo aceitou que sua ex-mulher e ele iriam seguir caminhos separados nesta vida. Isso foi transformador. Ele compreendeu o que é o amor incondicional e que ele poderia amar Natália incondicionalmente. Ele conseguia imaginá-la casada com outro homem. Ele poderia apoiá-la quando ela precisasse, e ele poderia ter uma vida própria magnífica e feliz sem nenhum ciúme, raiva, responsabilidade ou culpa. Ele poderia ser um bom pai para seus filhos e ter uma empresa surpreendente baseada em integridade, honestidade, abundância, sucesso e benefício mútuo para todos os envolvidos.

E esse é o poder do amor *curado* de chamas gêmeas. Ele se manifesta em sua vida para ajudá-lo, não para prejudicá-lo.

Você pode se perguntar, se Aro curou sua alma na Atlântida, por que isso se repetiu nesta vida?

Depois da queda da Atlântida, aqueles que optaram por ficar na Terra para trabalhar (como Tia-La e Aro) terminaram por cair na armadilha da reencarnação e sofreram amnésia espiritual.

No momento atual, você está vivendo no ritmo da energia, que é altamente favorável para se lembrar quem você realmente é. Nós (Pleiadianos) chamamos isso de *estímulo*. Os estímulos compensam o sofrimento com o propósito de despertar memórias antigas. Para compreender totalmente essas lembranças você deve curar sua alma.

Os estímulos são negociados entre as almas antes do nascimento. Você os conhece como contratos de almas. Antes desta vida, Eduardo fez um contrato de alma com Natália, no qual eles se encontrariam para recriar toda a paixão, atração e infelicidade criadas pelos *desejos e necessidades* da chama gêmea. Eles concordaram em ter dois filhos, porque o amor pelos seus filhos os ajudaria a criar a paz entre ambos, e isso também contribuiria de forma positiva no contrato de alma dos filhos.

Em seus contratos de alma para a vida atual, ambos concordaram em incorporar a energia da integridade e do amor incondicional para se tornarem *portadores de frequência* para outras pessoas. Não como um casal, mas como indivíduos íntegros e separados, para demonstrar às outras pessoas que você não tem de viver uma vida de sofrimento limitado. Ninguém está ligado a uma pessoa para sempre apenas porque sentiu paixão que, mais tarde, se transformou em ciúme e necessidade de controlar um ao outro. Eles precisavam recriar suas experiências para que pudessem se lembrar de suas memórias de alma antigas, que servirão a eles (e a outros) em sua missão de vida.

O verdadeiro amor

A paixão e a atração que sentimos quando encontramos aquela pessoa certa são apenas a energia de uma peça perdida do quebra-cabeça, algo que você, subconscientemente, sente que quer ou precisa.

Da próxima vez que você sentir atração por alguém, apenas se pergunte o que o atrai de forma mais intensa nessa pessoa? Pode ser o fato de ele ou ela ser expansivo/a e você é tímido e deseja, secretamente, ser um bom orador. Talvez seja um corpo bonito e você deseja, secretamente, que seu corpo seja mais bonito. Talvez seja a generosidade e você deseja, secretamente, ser mais generoso. Pode ser qualquer coisa. Seja honesto consigo mesmo e, antes de se apaixonar, ofereça a si mesmo aquilo que o atrai. Por exemplo, caso você seja tímido, então trabalhe sua confiança. Quando encontrar a confiança e ainda se sentir atraído a essa pessoa, então pode ser um amor verdadeiro que vingará, em vez de ser apenas uma atração a algo de que você necessita ou quer subconscientemente.

Em suma, seja corajoso. Não confunda amor com algo que você não possui. Se encontrar sua chama gêmea, encontre as peças que faltam a você, transforme-se e veja seu relacionamento se transformar em verdadeiro amor incondicional. Pergunte a si mesmo, isso é um *seja feliz para sempre* ou apenas outra oportunidade para encontrar o que eu *queria ou de que precisava* para curar minha alma. A vida é muito curta para ser vivida de coração partido, amargo, raivoso ou triste.

Capítulo 2

Alma, Ego e Você

A alma pertence a Deus, como o ego pertence ao humano, e você pertence a ambos. Ao longo deste livro, utilizaremos a palavra ego para definir sua energia humana, e a palavra alma para definir sua energia divina.

Quando um bebê é criado, o primeiro órgão a se desenvolver é o coração. O coração representa o você único e físico, uma caixa de surpresas com infinitas possibilidades. O coração está diretamente interligado com a alma de cada encarnação. Em cada encarnação, você terá um coração diferente dentro de um corpo diferente, mas a alma é a mesma.

Alma

A alma é uma centelha de Deus que concede animação ao corpo. Sua alma repete viagens para a Terra por intermédio de corpos diferentes. Imagine um *closet* repleto de roupas (corpos), todas feitas com uma personalidade que lhe dará a sensação de estar em controle de seu próprio destino. No entanto, o que você não sabe é que cada peça de roupa, quando usada, fica extremamente reduzida, porque sua alma está presa em um estado confuso. Você não deve despertar totalmente e tomar consciência de sua vida. Se o fizer, desejará cura. Se curar sua vida, nunca mais vai querer retornar à Terra por vontade própria. E o que você terá é um *closet* repleto de roupas nunca usadas.

A alma e o ego iniciam sua viagem no momento da concepção. A energia para a nova vida já existe nos bastidores. Com seu primeiro fôlego, sua alma e seu ego se unirão em seu coração. Ambos estarão presentes ao longo de toda sua vida.

Sua alma está ligada ao seu eu supremo. O eu supremo, que contém memórias de suas vidas extraterrestres, está ligado à unidade de Deus. O ego está ligado à fonte de energia da Terra, aquilo que chamamos de Deus Substituto, que foi geneticamente modificado para ser um reflexo de Deus e, em algum momento, foi utilizado de forma indevida (você saberá mais sobre isso posteriormente). Sua mente está artificialmente bloqueada. Quando você descobrir isso em uma vida, esquecerá na vida seguinte. Isso acontece quando você desce do Céu para sua próxima encarnação. Você é orientado a atravessar o Rio do Esquecimento, o que faz com que sua memória da consciência seja apagada. Aqueles que conseguem correr pelo rio, mantêm algumas de suas memórias intactas.

Ego

O ego representa a energia humana que está profundamente ancorada no interior da energia da Terra, no Deus Substituto, e tem o importante papel de mantê-lo no ciclo de encarnações. O ego é uma âncora para sua alma, aquilo que faz você se desenvolver no ambiente terrestre enquanto estiver no corpo físico. Durante esse tempo, ele será seu ajudante, seu protetor.

No início, quando o coração, a alma e o ego se encontram (observe a trindade de energia), a alma e o ego imediatamente trocam arquivos que contêm informações sobre as viagens passadas de sua alma; e guardam as feridas de sua alma. Imagine dois *smartphones,* simplesmente presos um ao outro, transferindo arquivos e informações de um para o outro.

O ego vê as feridas da alma como possíveis ameaças à vida, e sua missão de vida é protegê-lo. Em outras palavras, o ego é um colete salva-vidas que o mantém vivo, enquanto a alma percorre uma experiência de vida, ou uma aventura. Seu eu supremo espera pacientemente que você descubra como isso tudo funciona, para que você pare de andar em círculos, encontre a cura, torne-se íntegro e volte para casa.

O ego é seu maior protetor e, no entanto, seu maior bloqueio. A descrição do trabalho principal do ego é ajudar você a sobreviver, reproduzir e permanecer no ciclo de encarnações para que ele tenha um trabalho relevante. Ele não se importa com sua espiritualidade, com o crescimento de sua alma ou com seu desejo de voltar para casa. Contudo, para satisfazê-lo, o ego fingirá que se importa.

Por volta dos 7 anos de idade, seu ego descerá para o terceiro chacra, enquanto sua alma permanecerá no quarto chacra.

Você

Quando você despertar conscientemente, e viver aquele grande momento "AHÁ", compreenderá que há muito mais além de sua vida atual. De repente, você lidará com duas forças energéticas que irão, constantemente, competir para ser o principal navegador de sua embarcação. Você começará a viver enormes altos e baixos.

Lembre-se de que seu ego, que se identifica fortemente com o humano que você é, tem a função de protegê-lo a qualquer custo, enquanto sua alma desperta tem o papel de orientá-lo na viagem de cura da alma o mais rápido possível. Gostaríamos que você observasse conscientemente essas duas forças energéticas e ficasse sempre atento a elas. Já que a Terra é um lugar de dualidades, você sempre terá de se identificar com duas forças principais (seu ego humano e sua alma infinita). Essas forças são representadas pelo símbolo de um círculo, e são as duas principais fitas ativas de seu DNA.

O carro de três rodas

Com frequência, falamos favoravelmente sobre o poder do número três. Se você deseja gerar transformação, cura e crescimento, deverá, primeiro, compreender a alma e o ego e, então, acrescentar sua energia para formar o três e criar o catalisador.

Sua alma desperta é a primeira.

O aspecto do ego é o segundo.

O você físico, a consciência, é a terceira partícula.

A combinação desses três elementos pode criar a transformação que você busca. Sabemos que isso é confuso, como se separássemos três seres inteiros em três partes diferentes ligadas por um coração. Imagine que você é um carro simples de três rodas. Cada roda representa uma das partes citadas antriormente. Para a maioria de vocês, suas rodas vão para direções diferentes. Você pensa que está se movendo, mas, na realidade, está simplesmente parado em um lugar. Para chegar ao seu destino, deverá dedicar a mesma atenção a cada uma das rodas. Você só tem de aprender como fazer com que as três rodas sigam o mesmo caminho ao mesmo tempo.

O ego e a alma revezam-se na condução do seu carro. Isso influencia muito sua vida, e cada curva dura sete anos. O que isso significa? Quando você vive nos anos da alma, a alma tem um pouco mais de poder para influenciar sua jornada de vida. Você se sente criativo e mais livre. Quando você está influenciado pelos anos do ego, você foca mais em sua segurança e proteção durante sua vida na Terra. Você sente mais medos. Quando você se torna consciente desses padrões energéticos, você pode navegar facilmente por eles e fazer com que eles trabalhem a seu favor e de forma positiva, em vez de ter essas energias sabotando-o.

>0-7 anos da alma
>7-14 anos do ego
>14-21 anos da alma
>21-28 anos do ego
>28-35 anos da alma
>35-42 anos do ego
>42-49 anos da alma
>49-56 anos do ego
>56-63 anos da alma
>63-70 anos do ego
>70-77 anos da alma
>77-84 anos do ego
>84-91 anos da alma
>91-98 anos do ego
>E assim por diante.

Fim do ciclo

No final da sua vida física tridimensional, seu último batimento cardíaco possibilita seu último fôlego, permitindo que o ego e a alma abandonem o recipiente, desconectando-se parcialmente um do outro. O ego permanece na energia 3D da Terra, e a alma fica na energia 4D do Céu. A simbiose dessas duas energias pode ser comparada à energia da chama gêmea da relação entre amor/ódio e necessidade/desejo.

Caso seu objetivo seja terminar o ciclo de encarnações, então precisa começar a trabalhar conscientemente a cura dessas três partes. Você é a terceira partícula e possui um poder imenso para se curar. O corpo físico é uma dádiva da qual você não tem consciência. Ela começa com a aceitação e a abrangência de seu ego e suas feridas de alma. Apenas torne-se o melhor amigo de ambos. Cada um deles tem uma história para contar. Cada um deles pode lhe conceder uma grande ajuda.

As almas com transtorno do estresse pós-traumático

Passar de uma vida a outra sem curar a alma coloca vários problemas para a alma e também para a qualidade de cada vida. Ficar preso no ciclo de encarnações, entre a Terra e o que você chama de Céu, é o maior problema. Ao longo de sua vida física, você enfrenta, com frequência, vários desafios que levam a um coração emocionalmente partido. Você pode ter sofrido abuso, pobreza, desesperança, doença ou qualquer azar que o tortura e que deixou cicatrizes emocionais invisíveis em sua alma. Apenas energias de baixas vibrações deixam marcas. Se você não se permitir curar essas cicatrizes na vida em que elas foram criadas até o final daquela vida, os registros desses traumas são mandados de volta com sua alma para serem escritos em seu Registro Akáshico e na Gruta de sua Alma. Você levará as marcas dessas cicatrizes para sua próxima encarnação. Quando sua alma estiver sobrecarregada de traumas (registros futuros), ela desenvolverá o que se chama de transtorno do estresse pós-traumático das almas (TEPT-A). Isso faz com que a alma, de alguma forma, esqueça que ela faz parte de Deus.

Lentamente, a alma perde sua esperança e sua fé. A alma se perde. Essa é a situação atual de muitas almas encarnadas, dependendo de quantas vidas não curadas elas viveram desde a Atlântida.

A alma é infinita; o amor é infinito. O amor é a energia suprema para curar a alma.

Você é um Médico de Almas

Os Pleiadianos são Médicos de Almas. Sementes estelares pleiadianas são Médicos de Almas. Neste momento, a Terra necessita de Médicos de Almas.

Se você se sente ligado aos Pleiadianos ou a qualquer outra nação estelar, você é um deles. Somos seus ancestrais. Você realmente transporta nosso DNA e tem aquilo que gostamos de chamar de "habilidades especiais" (assim parece mais interessante). Ou seja, até você atingir a realização de que não há nada de especial em relação a isso. É algo tão normal quanto alguém ser loiro ou moreno. Nossa missão coletiva é auxiliar a Terra e seus habitantes a curar suas almas para que possam ultrapassar a energia do medo e entrar na frequência do amor incondicional, e alcançar, finalmente, a Paz Universal. Extraterrestres ou seres humanos, somos todos um. Ninguém é melhor que o outro. A Terra é um local de aprendizagem. Você volta a esse mundo em corpos diferentes, com raça, cor ou preferência sexual diferente. Você aprende a colocar suas diferenças de lado, a preservar esse lugar para outros, enquanto é um deles e, então, volta para casa. Um pode saber mais ou ser mais habilidoso que o outro; no entanto, todos podem aprender, se têm vontade para isso. Basicamente, SOMOS TODOS UM!

O mundo 4D é uma armadilha para a alma

O mundo da quarta dimensão é um lugar fascinante, mas também é uma armadilha para a alma. Quando a alma desenvolve TEPT-A, em geral, ela fica presa no ciclo das reencarnações. A regra da Terra é esta: o que acontece na Terra tem de ser curado na Terra. Se o trauma aconteceu no recipiente físico (corpo), ele deve ser curado pelo corpo físico. O TEPT-A não pode ser curado enquanto a alma estiver fora do corpo (depois da morte), ou rejuvenescer na energia da quarta dimensão (Céu). O Céu é um lugar maravilhoso onde você se sente como se estivesse nas férias mais incríveis, e escolhe o lugar que quiser para essas férias! Sua alma vivencia um estado de paz e felicidade extasiante longe dos sofrimentos da Terra, onde nos esquecemos totalmente do desejo original de encontrar o caminho de volta para casa, as Plêiades, ou Deus.

Por fim, a alma se sentirá atraída pela energia do ego para retornar à Terra e aprender outra lição. No entanto, nenhuma dessas lições conduz à cura da alma consciente, e é nesse ponto que fica complicado. Em geral, essas lições suscitam outros níveis de sofrimento que criam outra camada de TEPT-A, para que a alma fique alegremente presa para sempre nesse processo do ciclo de encarnações, com uma falsa necessidade positiva de continuar voltando a Terra. Trata-se de um padrão "maravilhoso" sem fim. O único que pode interromper esse padrão é você, porque você tem o poder de seu próprio corpo físico e alma consciente! Nós repetimos: "ter um corpo físico é uma dádiva".

Não entre em pânico

Não se preocupe agora. Esse padrão de reencarnação funciona bem até você compreender que deseja sair desse ciclo e que está pronto para curar seu TEPT-A. O Código Pleiadiano abre a vasta biblioteca que existe dentro de você para descobrir o antigo conhecimento que leva à sua origem e cura. Conhecimento é poder, e seu poder está guardado em sua alma, guardado por seu eu supremo. Seu poder será liberado quando sua alma estiver curada. Como mencionamos no capítulo anterior, o poder tem duas polaridades, a criativa e a destrutiva, e você está aprendendo a dominar ambas.

Curar seu TEPT-A é uma lenta viagem regressiva que vai desta vida até à sua primeira vida na Terra. Gostaríamos de partilhar algumas histórias de cura com você, para que encontre sua própria história. Não seja enganado pelo seu ego ou pela sua alma não curada. Em vez disso, torne-se seu próprio curador! Por meio deste livro, nós o apoiaremos com a energia da quinta dimensão do amor incondicional. Sua tarefa é dominar o amor-próprio, a força interior e a bondade em seu corpo de terceira dimensão. Quando isso for alcançado, sua alma poderá se mover facilmente entre as energias da terceira e da quinta dimensões enquanto ainda estiver no corpo físico. Foi isso que fizeram nossos ancestrais da Atlântida, e eles não ficaram presos ao ciclo das encarnações (ficar preso no Céu), quando a alma deixa seu recipiente.

Não há atalhos. Essa viagem é como caminhar em um dia enevoado. Você pode apenas enxergar alguns poucos passos adiante. Você tem de aprender a confiar na orientação, a se sentir confortável com suas próprias escolhas e a confiar no desconhecido. Confie que os Pleiadianos, o Universo e Deus o apoiam. Se alguma vez você conhecer guias que ditam aquilo que você deve fazer, que exaltam seu ego com algumas informações impressionantes de vidas passadas, PARE! Ou se eles o encherem de medo, se negociarem com você, então você deverá pensar duas vezes antes de trabalhar com eles.

Siobhan, registro akáshico

Siobhan estava descalça em um campo de flores selvagens. Ela vestia uma blusa simples, de camponesa, de mangas curtas e enfiada por dentro de sua saia linho, que ia até os tornozelos. Ela tinha 17 anos e estava loucamente apaixonada. Inspirava profundamente o aroma de uma floresta nas proximidades e maravilhava-se com a beleza da natureza. Sentia-se livre como um pássaro que podia voar para onde quisesse. Ela era feliz. Aiden estava atrás dela. Um palmo mais alto que ela, Aiden era um rapaz bonito com cabelo escuro e olhos azuis-celestes. Seus braços fortes envolviam-na com firmeza, sua boca beijava sua têmpora suavemente. Ele encontrou algo que outros procuram durante vidas. Encontrou o verdadeiro amor, a mulher de seus sonhos, a mãe de seus futuros filhos. Ele estava feliz e contente, ela se sentia da mesma forma. A mão de Siobhan acariciava o amuleto simples que ele lhe dera, feito com uma moeda e preso em uma fita de couro. Era um amuleto da sorte.

Na cena seguinte, vemos uma casa feita de pedras. Estávamos na Irlanda, por volta do 350 a.C. Siobhan não queria entrar na casa, pois sentia que a casa lhe trazia uma grande dor emocional. Pedi-lhe que me mostrasse o que acontecera ali. Relutantemente, sua alma nos conduziu para a casa. Siobhan e Aiden eram casados e viveram nessa casa por um curto período. Em seguida, testemunhamos uma discussão entre o casal. Parecia que Aiden tinha vontade de entrar em uma guerra. Parecia se tratar de uma guerra contra os romanos. Seu temperamento era forte. Ele estava incomodado, porque ela não compreendia que era seu dever, como irlandês de origem celta, se juntar aos seus pares. Ela estava preocupada. Irritado, ele saiu da casa. Com lágrimas escorrendo pelo rosto, Siobhan permaneceu na cozinha, suavemente esfregando seu ventre inchado. Ela estava grávida de três meses.

Nós avançamos na linha do tempo, Siobhan chorava histericamente. Aiden foi morto em uma batalha e os homens traziam seu corpo para casa, para que ele fosse sepultado. Ela correu para a entrada da casa e viu uma carroça simples, puxada por dois cavalos. Ali jazia o corpo frio e morto de Aiden, coberto por um pano. Sua dor era inconsolável. Eles transportaram o corpo para a casa, para ser preparado para o funeral. Ela queria assim. Desejava passar as últimas horas com o amor de sua vida antes de cobri-lo de terra. As dores do parto surgiram com rapidez e, naquele dia, ela não apenas perdeu sua alma gêmea, mas também seu filho. Ela estava arrasada. Pensava que era tudo culpa sua. Siobhan estava zangada, culpava-se por tudo que acontecera. Se pelo menos tivesse convencido Aiden a ficar em casa naquele dia. Se pelo menos não estivesse tão chateada. E se, pelo menos, não tivesse perdido o filho, então teria uma parte de Aiden consigo. Ela entrou em uma depressão profunda e obscura, com uma sensação de desespero. Continuou a viver na casa, mas se afastou de todos. Amigos e familiares lhe traziam comida com a esperança de que, um dia, ela se curasse.

A jovem recusava qualquer companhia, amizades e propostas de casamento. Ela viveu sozinha com sua dor, acreditando ser o maior fracasso de todos. Os anos passaram, Siobhan era uma mulher saudável, mas não se importava com isso. Ela decidiu que não merecia ser feliz. Desejava dormir e nunca mais acordar. Um dia, alguém deixou papel, tintas e pincéis em sua porta. Com muito ceticismo, ela pegou as coisas e colocou na sala. Então, um dia, insensível a qualquer sentimento, levou o material de pintura para o quintal e começou a pintar. Para seu espanto, sua mão fez movimentos graciosos no papel, conforme ela pintava a natureza com um prodígio artístico. Parecia que alguém estava por trás dela, segurando-a com firmeza e orientando cada pincelada de sua mão. O amor incondicional preenchia todo o seu ser conforme ela pintava. Ela se sentia nos braços de seu amado Aiden novamente.

Infelizmente, Siobhan não partilhou sua arte com as outras pessoas. Envergonhava-se de sua vida e, de acordo com ela, tinha falhado como esposa e como mãe. Tinha vergonha de ser artista. A época em que ela vivia não era favorável a artistas do sexo feminino. Caso tivesse um fogo em sua alma que realmente acreditasse em sua arte, à qual ela dedicava toda sua alma, talvez tivesse sucesso e fosse respeitada em sua comunidade. Siobhan viveu uma vida longa. Pintou muitos quadros, em sua maioria com temas da natureza e pássaros, mas nunca mostrou nenhum deles a ninguém. Ela morreu sozinha, de coração partido, com a mão sobre o medalhão que Aiden lhe dera quando ela era jovem e eles estavam loucamente apaixonados.

Jamie

Jamie (Siobhan) é uma semente das estrelas Pleiadianas com quem trabalhei durante alguns meses com o intuito de ajudá-la a levar sua vida adiante. Em cada sessão, embarcamos em uma viagem consciente de cura da alma, por meio da meditação (sem hipnose). Permitimos que os Pleiadianos nos guiassem por nossas vidas passadas para que pudéssemos curar qualquer trauma da alma que se manifestou nesta vida, assim como os bloqueios misteriosos que impediam que ela tivesse uma vida feliz. Durante toda sua vida, Jamie sempre sentiu, sem nenhuma explicação lógica, que tinha de se esconder e fugir de um lugar para o outro. Quando terminou a faculdade, ela se matriculou em outra. Ela estava, subconscientemente, postergando o início de sua verdadeira vida adulta. Isso porque sua alma continha as dolorosas memórias de ter perdido sua alma gêmea e seu filho. Assim como esses traumas, o segredo de ter uma paixão por arte causou muita vergonha interior. Seu ego manifestava todas essas oportunidades incríveis de viajar e estudar. O ego fornecia emoções que lhe indicavam que ela não estava pronta para iniciar uma vida como uma artista de sucesso, porque o papel do ego é protegê-la de cenários iguais ou semelhantes que se repetiam.

Essa sessão foi um pouco diferente, porque nas sessões de vidas passadas não alteramos o desfecho daquela vida em particular; apenas levamos amor incondicional para a alma com o propósito de curá-la. Compreendemos e aceitamos a história daquela vida e a curamos com amor. Desta vez, os Pleiadianos orientaram a alma de Siobhan a trazer todas as suas pinturas para o exterior, para o quintal; e ela deveria convidar todas as pessoas da aldeia para entrar e ver as pinturas. Era importante para sua alma superar a vergonha de ser artista, já que esse é seu principal dom nesta vida. Ela tem o dom de levar a cura da alma a outras pessoas por meio de sua expressão artística. Os olhos são a porta para a alma, e a arte fala profundamente com sua alma. Mesmo naquela vida, a arte e a vibração das cores trouxeram paz para sua alma. Tudo o que ela tinha de fazer era se perdoar, já que aqueles acontecimentos infelizes não foram sua culpa. Sua alma queria se curar, e foi isso que aconteceu. Em nossa sessão, ela foi orientada a se perdoar, perdoar seu filho nascituro, perdoar Aiden, aqueles que o mataram e aqueles que o encorajaram a participar da guerra. Ela preencheu todos com amor incondicional. Ela caminhou pelo jardim observando suas pinturas. Ao ver outras pessoas apreciando as pinturas, sorrindo e aceitando-a do jeito que ela era, Siobhan se permitiu ser preenchida por amor incondicional. No final, quando abandonamos aquela vida passada, ela se rendeu a todos os acontecimentos e os aceitou. Não havia mais nada a ser curado.

Quando saímos da meditação, Jamie se sentia diferente. Ela percebeu que fugia da vida por medo de ser magoada. Ela se abriu comigo e disse ter medo de entrar em um relacionamento de longo prazo e estava, inconscientemente, autossabotando suas relações passadas.

Sua alma se lembrava de como foi emocionalmente doloroso. A alma partilhou essa informação com o ego durante a concepção. Isso aconteceu para que o ego evitasse que ela se apaixonasse. Isso aconteceu porque havia um temor de que a alma sofresse um colapso nervoso. A alma tinha medo de viver qualquer coisa parecida com aquilo novamente. E como vantagem adicional, o ego impedia que ela se tornasse uma artista de sucesso, e isso era o que sua alma queria. De acordo com a informação da alma, a arte apenas faria com que seus antigos sentimentos negativos de vergonha e fracasso despertassem, o que possivelmente poderia, então, conduzir a um comportamento autodestrutivo. Veja, o ego e a alma funcionavam com base em uma programação antiga, tornando a vida de Jamie um caos confuso.

Após a sessão, Jamie me disse que, algumas semanas antes de nossa sessão, ela tinha restabelecido a relação com um homem que ela conhecia por muitos anos, mas que não via há algum tempo. Eles se envolveram romanticamente e ele lhe deu uma moeda dourada. Ele disse que ela não precisava fugir, era livre para fazer o que desejasse. Agora, o futuro pertence a ela, para pintá-lo com as cores que quiser, para partilhar com o mundo inteiro!

Capítulo 3

A Missão Pleidiana

"Libertando a humanidade por meio do conhecimento."

Deus criou toda a vida em nosso Universo. Nós, os Pleiadianos, mais tarde unidos a outras nações estelares, embarcamos em uma experiência para aprender (em profundidade) como Deus trabalha. Uma de nossas experiências, que implica você, tratou da vida geneticamente modificada na Terra para nossas próprias finalidades. A semente de vida de nossa criação extraterrestre (a alma), unida à semente da vida da Terra da criação de Deus (DNA animal), criou um recipiente para as sementes estelares, um corpo físico, que poderia conter vibrações elevadas.

Logo que chegamos à Terra, criamos a Lemúria, e podíamos permanecer apenas por poucos períodos, já que nossos corpos não estavam em harmonia com a atmosfera terrestre. Construímos vários Templos de Rejuvenescimento na Lemúria, na Atlântida e nos planetas vizinhos, Maldek e Marte, que eram de fácil acesso. Também utilizamos Marte como nosso principal aeroporto intergaláctico, onde criamos muito de nossa tecnologia altamente avançada. De Marte, viajamos para as Plêiades, Sirius, Andrômeda e Órion, em nossas naves espaciais. Uma vez em casa, rejuvenescíamos nossos corpos em nosso ambiente natural. No entanto, esse processo consumia tempo e energia rapidamente.

Manipulação genética

Nossos experimentos genéticos começaram em meados da era da Atlântida, onde nossa população extraterrestre crescia muito graças ao acréscimo de outras nações estelares. Tivemos vários crescimentos e comunidades separadas na Atlântida. A demanda por Templos de Rejuvenescimento crescia mais rapidamente que a nossa capacidade de suprimento. O objetivo dos Templos de Rejuvenescimento era manter nossos corpos saudáveis e vigorosos. Eles também trabalhavam para manter nossas mentes conectadas à mente Universal, com nossa consciência operando totalmente na quinta dimensão (e energias superiores).

Vamos, mentalmente, viajar no tempo para compreender como a vida na Terra se desenvolveu. Houve poucas viagens de observação extraterrestres à Terra antes da Lemúria. A civilização lemuriana era extraterrestre e com uma população limitada. Trouxemos muitas plantas, árvores e o que chamaríamos de seres mágicos, como fadas, duendes, sereias, golfinhos, dragões, unicórnios, etc. Em nosso mundo, esses seres são equivalentes a todos os outros. Eles desejavam participar da Lemúria. A Lemúria era tão orgânica quanto você puder imaginar. Todos os corpos extraterrestres eram alimentados e mantidos por meio da energia espiritual e por uma profunda ligação com a energia Universal. Em seguida, eles utilizaram plantas medicinais entre as árvores e plantas que trouxemos de nosso planeta para a Terra. As primeiras plantas vieram das Plêiades.

Seres com corpos mais densos utilizavam a energia física para, fisicamente, criar coisas como nossos abrigos, comunidades, transporte e alimentação. Eles tinham grande necessidade de utilizar o Templo de Rejuvenescimento. O efeito do rejuvenescimento prolongava-se por grandes períodos, 100 anos ou mais.

Os lemurianos trouxeram consigo uma tecnologia altamente avançada, mas a usavam apenas quando era preciso. Eles preferiam honrar a Terra impoluta, viver em harmonia com a região e utilizavam sua impressionante intuição e orientação interior, que estavam ligadas a Deus. Essa civilização era liderada, principalmente, por mulheres. Para entreter sua mente, você pode chamá-las de sumas sacerdotisas ou deusas. A energia feminina é nutritiva, amorosa e solidária. É dessa forma que você pode descrever a energia da Lemúria – nutritiva, amorosa e cheia de compaixão, como o coração de uma mãe. Eles conseguem viver com o coração no mundo de terceira dimensão da Terra, mantendo-se em sua consciência de quinta dimensão. Eles não tinham necessidade de construir edifícios megalíticos, de utilizar os mais recentes dispositivos da alta tecnologia, materialisticamente avançados, ou de alterar a Terra de qualquer forma. Eles honravam a Terra e sua cornucópia de abundância, cristais naturais, natureza imaculada e águas limpas. Tornar-se um com o ambiente ajudava seus corpos a se adaptarem de uma forma um pouco mais fácil. Por meio de cerimônias, honrando e unindo as energias da Terra e do Universo, sua própria intuição no reino terrestre ficava mais intensa. Eles se tornaram verdadeiros mestres das plantas medicinais, combinando os recursos naturais da Terra com aqueles que trouxeram do Universo.

A primeira mutação de DNA aconteceu na Lemúria, de forma involuntária. O Reino Vegetal ainda contém informação dos antigos lemurianos que costumavam vagar pela Terra. É por isso que os remédios naturais são uma resposta para todas as doenças físicas que surgem no corpo humano. Aqueles que optam por estudar a fitoterapia e os óleos essenciais e usam sua intuição para permitir que as plantas e as árvores se comuniquem com eles estão ligados aos antigos lemurianos.

Naturalmente, a vida de Deus, que já estava na Terra antes de nossa chegada, evoluía lentamente sem qualquer interferência lemuriana. A Terra estabelecera o Reino Mineral, o Reino Vegetal e o Reino Animal. O Reino Animal era o mais primitivo, porém o único com um corpo físico animado. (Observe a trindade de energia).

A Lemúria foi classificada como uma experiência bem-sucedida. Por volta do terceiro período de nosso tempo na Lemúria, muitas outras Nações Estelares, especialmente os Lirianos, tinham interesse em se juntar a nós, e concordamos. Sabíamos que isso significava ampliar nosso espaço habitacional, por isso começamos a explorar o interior da Terra. Por fim, criamos cidades na Terra que estão em pleno funcionamento hoje. Algumas nações estelares não ficaram contentes em viver em um ambiente natural e tinham sede de comunidades altamente avançadas, semelhantes aos seus mundos. Foi assim que as ilhas da Atlântida nasceram. Embora as comunidades da Atlântida fossem construídas no continente, nós as chamamos de comunidades "insulares", já que a intenção era separá-las da forma natural de vida na Terra.

Nesta história que partilhamos com você, chegamos ao momento em que as surpreendentes ilhas da Atlântida prosperavam com comunidades extraterrestres e muitas solicitações de Templos de Rejuvenescimento. Criações físicas em 3D não acontecem com o poder da manifestação da mente, como você vê em muitos filmes de ficção científica. Para criar fisicamente, você precisa utilizar materiais físicos, que a Terra tinha em abundância. Você tem de usar ferramentas que tínhamos, e necessita utilizar o poder físico. Não importa a sofisticação das ferramentas, você ainda precisará do poder físico para criar, mesmo que seja apenas para apertar os botões. Fizemos muito mais do que apenas apertar alguns botões. Explicamos isso de forma muito simples para que você possa observar sua vida e perceber que não éramos muito diferentes de vocês, hoje. Na Atlântida, nossos corpos não eram bons para executar tarefas físicas e ficavam, constantemente, cada vez mais doentes, em virtude da atmosfera. Dessa forma, precisávamos ir ao Templo de Rejuvenescimento com frequência, muito mais vezes que os lemurianos. Pensávamos que a cada dez anos seria demasiado e, no entanto, a frequência diminuiu dramaticamente para uma vez a cada ano. Isso foi grave para nós, já que nossa expectativa de vida era de vários milhares de anos.

Os Lirianos defendiam a utilização de engenharia genética para alterar nossos corpos extraterrestres. Eles já fizeram experimentos após o bem-sucedido arranque das modificações e projetos de fusão de DNA em Centauro. Todos os representantes das 12 principais nações estelares na Terra viram isso como um ajuste benéfico e concordaram, unanimemente, em avançar com a modificação.

O acordo original consistia na utilização de DNA animal, já que o DNA das plantas não funcionava com a eficácia que precisávamos para manter o corpo físico que desejávamos. Utilizamos vários DNAs de animais, mas, desta vez, não usamos DNA dos primatas. Deveria ser um experimento controlado e feito apenas, APENAS, para nossas raças estelares.

Além disso, gostaríamos de afirmar, mais uma vez, que todos os representantes das 12 principais nações estelares na Terra concordaram, unanimemente, em avançar com as modificações, por isso não há necessidade de apontar o dedo aos Pleiadianos, aos Sirianos, aos Lirianos ou a qualquer outra nação estelar em particular. Todos concordaram em fazê-lo. Todos nós somos responsáveis pelo que ocorreu, posteriormente, com as criações humanas físicas.

De certa forma, nossas ações para alterar corpos geneticamente foram baseadas em uma iniciativa semelhante à que vocês tentam fazer hoje para poder viver em Marte. Se vocês tivessem o conhecimento, teriam modificado geneticamente seus corpos para continuar por mais tempo em Marte e, ao mesmo tempo, continuar ligados às suas famílias na Terra. Não éramos muito diferentes de como vocês são hoje, apenas um pouco mais avançados.

Nós tínhamos o conhecimento e a tecnologia práticos para criar um corpo físico que sobreviveria e vingaria na atmosfera da Terra. No entanto, não tínhamos experiência para executar esse experimento em um mundo 3D. Como mencionamos anteriormente, os Lirianos iniciaram alguns projetos genéticos híbridos em Centauro. Esses projetos fundiam DNA extraterrestre de diferentes nações estelares em apenas um. Porém, transformar qualquer alma evoluída em um corpo físico 3D exigia elementos vivos da Terra, uma parte da criação original de Deus.

Códigos espirituais e matemáticos

Como fizemos isso? Seguimos códigos espirituais e matemáticos associados à forma como o Universo fora criado. Tenha em mente que a civilização extraterrestre lemuriana evoluiu espiritualmente, e a civilização extraterrestre atlanteana evoluiu tecnologicamente. Eles coabitaram durante muito tempo, por isso combinamos e utilizamos aspectos das duas civilizações.

Espiritualmente, a Terra é conhecida como um lugar de dualidade, ela prospera no padrão "dar e receber". Como queríamos incorporar esse avatar (corpo) que criamos, tivemos de nos tornar um com ele, e "dar".

Cristal do Deus Substituto

Quando começamos a unir DNA animal (que chamaremos de DNA físico) com o nosso DNA extraterrestre (que denominaremos de DNA espiritual), não tivemos sucesso em manter a alma no corpo geneticamente modificado. A energia da alma gravitava naturalmente em direção a domínios mais elevados. Acontece o mesmo conforme um barco navega pelo oceano; a alma embarca na energia divina com sua bússola ajustada para voltar para casa. Naturalmente, ela não quer ancorar no corpo físico, e isso nos causa muitos problemas. Em outras palavras, precisamos prendê-la como um pássaro em uma gaiola para que ela não voasse.

Nossos engenheiros genéticos tiveram a grande ideia de criar um simulador de um Deus Substituto para, temporariamente, confundir a energia da alma e fazê-la pensar que seu lugar era ao lado dos animais da Terra. Isso funcionaria, já que o novo corpo modificado da alma agora contém DNA animal, e em vez de gravitar em direção à real energia divina, a alma se sentiria confortável com o Deus Substituto. Como vocês construiriam um servidor que controla vários computadores, condicionamos o cristal da Terra para conter esse DNA combinado e controlar todas as almas da Terra. Literalmente, fizemos o papel de Deus e criamos um simulador à sua semelhança (um poderoso imã de almas), para que a alma vingasse no corpo físico em vez de querer "voar". Voluntariamente seguramos, enganamos e aprisionamos a essência da alma nesse mundo.

O cristal do Deus Substituto se tornou o repositório central de nosso DNA.

Como um bônus inesperado, percebemos que, quando o corpo funciona mal (morre) e a alma parte, a alma pode, facilmente, retornar à Terra depois de deixar o corpo. Ficamos emocionados com essa descoberta. Nossa âncora realmente funcionou. Isso nos abriu oportunidades incríveis para viver na Terra por longos períodos e experimentar corpos diferentes. A maioria dos seres estelares adorava viver na Terra. Ela deveria ser um paraíso para nossos irmãos e irmãs estelares visitarem. Com o passar do tempo, deixamos de nos preocupar com o fato de termos alterado dramaticamente nossa própria evolução. Afinal, isso deveria ser apenas uma solução temporária para nós.

Mais tarde, utilizando a mesma tecnologia, os anunnaki aceleraram a evolução dos primatas naturais e criaram escravos humanos. (Falaremos mais sobre isso posteriormente).

Originalmente, pensamos que a alternância de DNA poderia ser revertida apenas com a remoção da âncora do Cristal do Deus Substituto; como apagar um arquivo em seu computador. Infelizmente, isso se tornou mais complicado. Entramos nesse projeto de modificação genética sem nenhum teste preliminar na Terra. Sem ter plena noção de como o DNA animal alteraria nossa consciência, a maioria de nós participou sem o menor questionamento. Com o passar do tempo, vários seres estelares começaram a ter efeitos secundários indesejados provenientes da baixa vibração energética da Terra. Aprendemos sobre o ego. O ego, em outras palavras, define o DNA animal. Começamos a ter sentimentos como ganância, orgulho, medo, ódio, culpa, vergonha, etc. Alguns começaram a agir com base nessas emoções. Nós os chamamos de seres possuídos pelo ego. Durante a história, eles foram chamados de Filhos de Belial e seguem o Caminho da Escuridão. Aqueles que conseguiram se manter no caminho espiritual da Luz são conhecidos em nossa história como Os Filhos da Lei do Uno.

É importante lembrar que todos começamos com boas intenções, mas perdemos o controle. Misturamos a energia da alma 5D com a energia 3D do ego do animal e, por fim, ficamos presos na Terra. Isso aconteceu porque a Terra é fisicamente 3D e a energia 3D é muito mais densa do que a energia da alma 5D, com a qual funcionamos. Como comparação, você tem uma rocha e você tem o ar. É mais fácil ver a rocha e mover a rocha visível do que ver e mover o ar invisível.

Muitos seres estelares se tornaram obcecados com seus novos corpos extremamente funcionais. A tecnologia utilizada foi grandiosa, e os recursos da Terra foram abundantes. Eles prestavam cada vez menos atenção à sua alma e energia espiritual. O ego do corpo literalmente tomou conta deles. Você conhece o ditado que diz que você não pode ajudar aqueles que não querem ser ajudados? Ele é tão verdadeiro hoje quanto era na Atlântida.

Doze nações estelares ancoraram parte da essência de nossa alma no centro da Terra e utilizaram o cristal da Terra para manter essa energia. Se você acredita na possibilidade de a Terra funcionar como um programa de computador, então a metáfora seria dizer que temos de inserir o chip de memória no cristal, que é a parte principal da placa mãe. Nossa energia ainda está ali.

Mapa estelar

Assim como um artista deixa sua assinatura em um quadro, deixamos um mapa estelar dentro de nosso corpo físico. A Terra era um dos 12 planetas em nosso sistema solar. Você tem 12 fitas de DNA. Há mais uma fita, a 13ª. Nós a chamamos de a fita da linhagem Divina. Unida, ela funde todas as criações, e, de certa forma, é invisível. O código do seu DNA é 12+1. A 13ª é a verdadeira parte da centelha divina. Todos nós (inclusive os extraterrestres) temos isso, não importa nossa aparência, quem somos ou onde vivemos em nosso Universo. Assim, todos somos Deus.

Para se tornar Deus, há muito mais para compreender do que apenas as 13 fitas do DNA. *A informação neste quadro fará mais sentido depois de se ler o capítulo inteiro.*

Quadro do mapa estelar

Futuro			Passo 21, Alma	5D	Fibonacci #21
Futuro			Passo 20, Ego		
Futuro			Passo 19, Alma		
Futuro			Passo 18, Ego		
Futuro			Passo 17, Alma		
Futuro			Passo 16, Ego		
Futuro			Passo 15, Alma		
Presente			Passo 14, Ego		
Presente			Passo 13, Alma	4D	Fibonacci #8
Presente	7º Chacra	7º Chacra	Passo 12, Ego		
Presente	6º Chacra	6º Chacra	Passo 11, Alma		
Presente	5º Chacra	5º Chacra	Passo 10, Ego		
Presente	4º Chacra	4º Chacra	Passo 9, Alma	Fibonacci #1	Fibonacci #2
Presente	3º Chacra	3º Chacra	Passo 8, Ego	Fibonacci #1	Fibonacci #2
Passado	2º Chacra	2º Chacra	Passo 7, Alma		
Passado	1º Chacra	1º Chacra	Passo 6, Ego		Fibonacci #5
Passado			Passo 5, Alma	3D	
Passado			Passo 4, Ego		
Passado			Passo 3, Alma		
Passado			Passo 2, Ego		
Passado			Passo 1, Alma		Fibonacci #13

Três raios coloridos – vermelho, azul e verde

Vermelho – passado, fornece energia para os três primeiros chacras e seis meridianos – a energia da Terra.

Azul – presente, fornece energia para um chacra (o central) e dois meridianos – energia do sistema nervoso.

Verde – futuro, fornece energia aos três chacras superiores e a seis meridianos – energia ancestral extraterrestre.

3+6+1+2+3+6=21   2+1=3

Sete chacras: três DNAs físicos, três DNAs espirituais, separados em três grupos.

Os chacras orbitam à volta de seu coração. Eles estão ligados, alguns na mesma linha de órbita (3&5; 2&6; 1&7). Cada uma dessas *ligações equivale ao número 8. (3+5=8, 2+6=8, 1+7=8). O significado espiritual do número oito aponta na direção do seu infinito e do conhecimento de que você é Deus.*

Duas fitas principais de DNA: *o DNA físico (ego) e o DNA espiritual (alma), cada um dos 21 passos é dominado pelo DNA principal.*

Oito *números de Fibonacci: São necessários oito números de Fibonacci para chegar ao 21º degrau e se licenciar no processo de encarnação. Mais uma vez, o significado espiritual dos números Fibonacci aponta para que você se torne seu próprio Deus.*

Chacras

Você pode não compreender isso corretamente, se não tiver conhecimentos de cura energética, mas sabemos que, se sua alma reconhecer esse ensinamento ancestral, ela se organizará para que a sincronicidade em sua vida compreenda.

O corpo físico possui sete chacras principais, porque a Terra era o sétimo planeta do anel exterior. Os chacras são sua energia horizontal. Cada chacra é como um planeta separado e possui sete anéis à sua volta. Cada anel cria uma camada de sua aura, também conhecida como seu campo protetor eletromagnético.

Suas histórias de criação falam sobre as Sete Irmãs Pleiadianas. Você olha para as estrelas e pode identificar sete planetas Pleiadianos (embora tenhamos alguns mais). Esses sete são os mais importantes. Você também tem os sete dias da semana.

Os sete chacras principais divididos em três grupos

O grupo número 1 é composto pelos chacras base, sacral e plexo solar. Esses três chacras são nutridos por um raio vermelho com energia curativa. Eles armazenam a informação da energia do passado e de vidas passadas. Eles estão profundamente ligados à energia física da Terra (Reino Mineral, Reino Vegetal e Reino Animal).

O grupo número 2 é o chacra cardíaco, um assento para sua alma. Esse centro está conectado com seu eu supremo e é nutrido por um raio azul de energia curativa. O coração é o governador de seu sistema nervoso, e é responsável por todas as ativações. Esse é o centro mais importante de seu hospedeiro, de seu presente e de sua consciência desperta. Esse centro não tem nada a ver com o passado ou com o futuro, ele é o centro do agora (presente). Você tem pleno comando sobre VOCÊ.

O grupo número 3 é composto pelo chacra laríngeo, pelo chacra frontal e pelo chacra coronário. Esses três chacras são governados por um raio verde de energia curativa. Eles estão ligados ao seu eu supremo, à sua família de sementes estelares, à Mente Universal e ao futuro.

Seu coração é o seu sol, sua bateria solar, o centro do seu universo. Assim como a Terra orbita à volta do Sol, esses chacras orbitam à volta de seu coração. Eles estão ligados, alguns na mesma linha de órbita (3 & 5; 2 & 6 e 1 & 7). Cada uma dessas ligações equivale ao número 8. O significado espiritual do número 8 aponta para seu infinito e para o conhecimento de que você é Deus.

3+5=8
2+6=8
1+7=8

Seus chacras individuais ainda são divididos em duas energias. Essas duas energias são duas linhas principais de DNA, a espiritual (alma) e a física (ego). Agora, você se lembra da parte em que falamos sobre a necessidade de criar uma energia do Deus Substituto, para ancorar sua alma no centro da Terra? Tivemos de instalar códigos dentro da energia física. Prestamos atenção em todos os detalhes.

Primeiro chacra – Físico (ego)

Mãe/Pai – partícula do Deus Substituto – Você queria vir à Terra, nós lhe fornecemos as habilidades de sobrevivência.

Segundo Chacra – Espiritual (alma)

Você – a energia original de seu modelo – Criança, jovem, emoções, criatividade. A energia original não teme que ninguém o prejudique. Ela não possui habilidades de sobrevivência, como conseguir comida ou buscar abrigo. A energia é pura, inocente e amorosa.

Terceiro chacra – Físico (ego)

Mãe/Pai – partícula do Deus Substituto – Quando estiver maduro em anos terrestres, você estará apto a cuidar de sua própria sobrevivência. Você é capaz de construir na direção da sobrevivência de outras gerações e de manter a repetição do ciclo da reencarnação. O medo garante a sobrevivência.

Quarto chacra – Espiritual (alma)

Você – a energia original de seu modelo – O amor cura todas as feridas. Aceitação, amor e perdão curam as feridas da alma. Esse é seu modelo original de energia. O amor incondicional é a energia suprema. Esse é o código de cura da alma que está impresso em sua alma.

Quinto chacra – Físico (ego)

Mãe/pai – partícula do Deus Substituto – Nós lhe demos uma voz para manifestar suas necessidades. Nós lhe demos uma voz para se expressar e para apresentar a habilidade de criar a realidade que VOCÊ gostaria de viver no mundo físico. Deixamos a verdadeira partícula de Deus (não substituto) dentro de você, para ser o criador de sua própria realidade.

Sexto chacra – Espiritual (alma)

Você – a energia original de seu modelo – Essa é a ligação com seu eu supremo. Você pode ter uma experiência, sem marcação prévia, com seu eu supremo. Seu eu supremo transmite ideias e inspirações para você libertar sua alma.

Sétimo chacra – Físico (ego)

Mãe/Pai – partícula do Deus Substituto – Mantemos a ligação com você durante todo o tempo que você passa na Terra. A confiança é a chave para abrir a porta da escravidão física e entrar no reino divino de Deus.

Meridianos

Seus meridianos, como descrito pela medicina chinesa, são suas linhas verticais de energia. Há 12 meridianos, e a energia flui de um para o outro, criando uma roda de meridianos. Cada meridiano transporta a energia de e para, pelo menos, um órgão físico. Eles fazem parte de suas linhas axiatonais (tubo do prana).

E há dois meridianos adicionais, o central e governante, que não fazem parte da roda de 12 meridianos. O caminho da energia desses meridianos é um pouco diferente, porque ambos estão ligados pelo mesmo circuito. Esses dois meridianos fornecem energia ao sistema nervoso, a todos os órgãos e a todos os sete chacras. Eles são sua energia inata e também controlam sua glândula pineal (energia vertical) e seu timo (energia horizontal).

Os meridianos central e governante se unem em um circuito criando o 13º meridiano; e cada meridiano contém a informação de uma fita de DNA. Mais uma vez, o código do seu DNA é 12+1.

Por enquanto, nosso enfoque serão os 12 meridianos, 6 estão ligados pela energia da Terra – o DNA físico (intestino delgado, rim, aquecedor triplo – seu sistema imunológico –, fígado, intestino grosso, baço). E 6 estão ligados à energia Universal (especialmente à sua nação estelar) – o DNA espiritual (coração, bexiga, circulação, vesícula biliar, pulmão e estômago).

Essa informação o ajudará quando você executar uma cura energética. Os meridianos terrestres precisam da energia da Terra, e os meridianos universais carecem da energia do Universo. Caso você saiba qual é sua nação estelar, então utilizar a energia de sua família estelar será a melhor escolha para canalizar a energia Universal.

Os meridianos podem ser identificados por cores ou números, assim com os chacras. Nós lhe forneceremos o código de cores, um pouco diferente do que você está acostumado para esses órgãos. Note que os meridianos do DNA da Terra se sobrepõem em cada código de cores, mas os meridianos do DNA Universal são apenas um por cada código de cor.

> Vermelho – aquecedor triplo (sistema imunológico), **vesícula biliar** e fígado.
>
> Laranja – fígado, **pulmões** e intestino grosso.
>
> Amarelo – intestino grosso, **estômago** e baço.
>
> Verde – baço, **coração** e intestino delgado.
>
> Azul – azul-escuro e azul-claro – intestino delgado, **bexiga** e rim.
>
> Violeta – rim, **circulação** e aquecedor triplo.

A cura é a combinação entre chacras, meridianos e a linha de Deus, é o aspecto principal da ancestral cura da Atlântida. É muito mais complexo do que aquilo que partilhamos. Por enquanto, partilhamos as partes que são relevantes para despertar o conhecimento de quem você é. Desejamos partilhar informações que estimulem as memórias de seu DNA ancestral que irão, espontaneamente, ativar seu DNA, caso esse seja o desejo de sua alma. Você também pode estabelecer intenções para se conectar com a energia curativa para sua alma e para seu corpo.

O código dos números

A linguagem de Deus pode ser traduzida em números, já que os números são a linguagem universal que não foi alterada pelos anunnaki (você saberá mais sobre isso no capítulo 8). A Linguagem da Luz é parcialmente composta por números, que são a expressão da geometria sagrada, que é um padrão de consciência. A Proporção Áurea pode ser encontrada em seu corpo.

Além disso, falando em termos matemáticos, sua existência alma-corpo, no ciclo das reencarnações, possui 21 passos.

Há sete partes iguais que representam o passado, sete partes iguais que representam o presente (sete chacras básicos), e sete partes iguais que representam o futuro.

Agora, gostaríamos que você imaginasse as três partes do número 7 como se fossem uma escada de 21 degraus (3x7=21). Atualmente, você vive no presente, por isso deve se encontrar no segundo grupo de setes, nos degraus 8, 9, 10, 11, 12, 13 e 14. Ao longo deste livro, apenas nos focamos nessa parte do meio, seu presente, para ajudá-lo a curar a alma de seu passado a partir do presente. Você aprenderá a integrar todos esses degraus de acordo com a sequência de Fibonacci.

O siginicado espiritual da sequência de Fibonacci

O ensinamento segundo as Escolas de Mistérios.

A sequência de Fibonacci pode ser encontrada na natureza, nas plantas, nos animais, nos furacões, nas proporções do seu corpo, etc. Ela também pode ser encontrada na espiral da galáxia e em muitos outros lugares. Faz parte dos 21 degraus do passado, do presente e do futuro. Isso fornece dicas significativas para a cura da alma e para terminar o ciclo de reencarnações.

Nota: caso não esteja familiarizado com a sequência de números de Fibonacci, há muitos recursos na Internet e em bibliotecas públicas sobre o tema. Trabalharemos com a sequência de números 1, 1, 2, 3, 5, 8, 13, 21.

Observe o quadro que contêm os 21 degraus. Cada degrau representa vibração, sabedoria e ensinamento. Ele está separado igualmente em três sequências de sete porque o número três é um catalisador.

Conforme já mencionamos, nesta vida ATUAL você deve estar nos degraus 8, 9, 10, 11, 12, 13 e 14 (cada degrau representa um de seus sete chacras principais). No entanto, quando ancoramos a alma e o DNA animal no cristal do Deus Substituto, tivemos de diminuir dois degraus da vibração do corpo. Fizemos isso para manter a harmonia com o DNA animal e, assim, nossos corpos não o rejeitariam. Por isso, desde aquele dia, *sua energia* está constantemente capturada pela energia do passado. Dessa forma, os degraus da sua vida para a vida ATUAL são 6, 7, 8, 9, 10, 11 e 12.

Uma forma diferente de explicar isso seria dizer que seu primeiro e segundo chacras estão presos na energia do passado, funcionando com um sistema muito, muito antigo. Pense sobre isto: quando você nasceu, ainda tinha algumas memórias de vidas passadas (você se recorda da essência de quem realmente é). No entanto, você era um bebê que não era capaz de expressar isso ao mundo. Em seguida, passou pela infância, que é governada pelos anos da alma, por isso, ainda se lembra de alguma coisa. Mas, infelizmente, em vez de ajudá-lo a se lembrar de quem você realmente é, você foi modelado por sua sociedade para ser quem eles preferem que você seja.

Por volta dos 7 anos de idade, quando você entra nos anos do ego, você, lentamente, entra no terceiro chacra de sua identidade adulta. O terceiro chacra e seu eu adulto iniciam a segunda sequência de setes, e você realmente acredita que essa é a pessoa que você deve ser. Você tenta se encaixar em sua sociedade, ou então se rebelar. Sobretudo, está perdido em seu próprio mundo. Agora, essa parte de esquecer quem você é foi causada intencionalmente pelos anunnaki. (Posteriormente, explicaremos isso com mais detalhes).

Trabalhando com a sequência de Fibonacci, tecendo seu destino

1, 1, 2, 3, 5, 8, 13, 21

Número 1 – 4º chacra – O significado espiritual da sequência de Fibonacci de seu ser de semente estelar começa no centro de seu próprio universo – seu coração – o quarto chacra, que é o assento de sua alma. Seu coração é o primeiro órgão a ser criado no embrião.

Quando você passa pela vida sem nenhum despertar espiritual, a sequência de Fibonacci espiritual não tem significado para você. Você viverá em um tipo de força energética de empurra-puxa entre o quarto e o terceiro chacras, entre a alma e o ego. Você poderia ter uma boa vida, de acordo com seus requisitos para uma vida boa, aquilo que o faz feliz. Isso é totalmente aceitável.

O despertar de seu quarto chacra e a ativação de sua sequência de Fibonacci, em geral, acontecem por meio de estímulos chocantes em sua vida. Por exemplo: acidentes, violação, enorme sofrimento, tragédia, etc. Infelizmente, acontecimentos felizes não estimulam essa energia de transformação, são muito poucas as exceções. Quando você está contente, feliz, alegre, apaixonado e/ou inconsciente espiritualmente, alterar coisas em sua vida não está no topo de sua lista de prioridades. Não somos nós que criamos a infelicidade em sua vida, sua alma programou esse despertar há aproximadamente 400 anos.

Sobreviver à chegada espiritual em seu quarto chacra é um choque para o espírito (a alma) e para o corpo (o ego). É como se você estivesse em um acidente fatal e, miraculosamente, sobrevive. De repente, eles podem ser vistos em sua energia consciente. A alma é observada, seu sol central brilha com força, talvez pela primeira vez nesta vida. Conscientemente, você viverá sentimentos de energia positiva, de um tipo que nunca vivenciou antes, e terá elevações espirituais. Chegar conscientemente ao coração é uma experiência transformadora. A chave é estar consciente e presente. Então, você percebe que viveu sua vida com óculos de lentes cor de rosa, tentando ver tudo melhor do que realmente era. Nesse momento, sua vida precisa ser reavaliada. Veja o que funciona e o que não funciona para você. Pergunte a si mesmo: "para onde estou indo"?

Lentamente, você começa a perder a identidade "EU". Você pode se sentir triste, perdido e confuso durante certo tempo. Esse é um bom momento para trabalhar com a energia do perdão, para você e para os outros. Seja gentil consigo mesmo. Um dia, você acordará sentindo a energia de seu poder interior, seu verdadeiro poder da alma. Essa é apenas uma pequena provocação, mas é uma sensação incrível, pois se trata do poder de sua alma, não seu ego alterado.

É como se seu GPS interno ativasse sua missão de vida. Você só tem de acalmar sua mente para senti-lo. Siga sua paixão, a alegria que vem de seu coração, e comece a criar a partir do coração.

Número 1 – 3º chacra – A partir do chacra cardíaco, em sentido horário, a espiral descerá ao seu terceiro chacra. Essa energia nota sua criação física. O terceiro chacra é o ego. Em sua criação física, a vesícula biliar é o segundo órgão a ser criado no embrião. A vesícula biliar e o fígado são muito influenciados pela energia do ego, eles guardam emoções físicas como a raiva e o medo.

Quando você chega ao coração, o ego sente que há perigo no horizonte. A energia do ego deve assegurar sua sobrevivência, e possível reprodução, e isso é tudo. Seu ego criará muitos "baixos". Ele trará uma energia de autovitimização ou uma energia que desperta o agressor. Isso acontece para lembrá-lo, constantemente, de como você está preso em sua vida, seja rico ou pobre, saudável ou doente. O ego adora causar sofrimento, para que ele possa fingir ser o herói e salvá-lo, todas as vezes.

Quando você começa a trabalhar com seu ego, pode vê-lo como um animal de estimação amedrontado que necessita de atenção. Você pode dar-lhe um nome, uma roupa divertida ou falar com uma voz boba enquanto personifica seu ego para se divertir. Trabalhe com a energia da aceitação; aceite tudo o que aconteceu em sua vida. Observe quando se sente a vítima ou quando se sente o agressor. Torne-se consciente de suas ações físicas e de seu comportamento. Lembre-se de que o terceiro chacra é físico. Mais adiante neste livro, você aprenderá a lidar com a energia da vítima e do agressor.

Número 2 – (1+1=2) 4º e 3º chacras – Essa é sua primeira ligação energética, onde as energias de dois chacras realmente interagem. O quarto chacra (sua alma) e o terceiro chacra (seu ego) realizam uma dança de dualidades, criando um círculo consciente. É uma energia de empurra-puxa. Você tem altos espirituais e baixos físicos. Essa energia é sua primeira armadilha, pois ela o desafia. Nas Escolas de Mistério, os desafios faziam parte do currículo. Em sua vida atual, a maioria de vocês não tem tempo para passar alguns anos em um treinamento apropriado. Por isso, a Escola de Mistério está entrelaçada em sua vida diária, e também há provas.

Quando você cai na primeira armadilha e se depara com o primeiro dos testes de energia, é inundado por energias de vergonha e culpa. Você sente isso física e emocionalmente. Mesmo que desperte para a espiritualidade, ainda pode ficar preso aqui por uma vida inteira. A cura dessa armadilha pode ser feita por meio do trabalho da aceitação e do perdão.

Exercício para energia:

Coloque a mão esquerda em seu plexo solar e a mão direita no seu coração. Feche os olhos e foque em sua respiração. Permaneça assim durante um minuto ou até sua respiração desacelerar um pouco.

Imagine-se caminhando dentro de seu coração (sua alma), percorrendo seu plexo solar (seu ego). Encontre seu ego. Você pode imaginá-lo da forma que quiser, como um animal de estimação, outra parte de você mesmo, qualquer coisa que o ajude a se conectar com ele. Fale com seu ego, tenha uma boa conversa consigo mesmo, pergunte o que o chateia, o que o amedronta e assim por diante. Escolha um assunto de cada vez. Mantenha, ainda, a mão esquerda sobre seu plexo solar e a mão direita sobre seu coração, converse sobre isso com seu ego. Quando chegar à aceitação, leve esse "assunto" ao seu coração. Perdoe a si mesmo e perdoe todas as pessoas envolvidas nesse "assunto". Aprenda a se tornar o melhor amigo de seu coração e de seu ego.

Número 3 – (2+1=3) 5º chacra – Em um movimento no sentido horário, siga a espiral de Fibonacci, que vai do terceiro para o quinto chacra. Por favor, não foque nas proporções visuais, e siga essa sequência de números:

(4º chacra + 3º chacra) + 5º chacra ou 2+1=3

O número 3 é um catalisador; você trabalhará com dois chacras físicos e um chacra espiritual. Isso ativa seu sistema nervoso, que é o portador de seu DNA. Sua coluna é o terceiro órgão criado no embrião, e tem o objetivo de unir toda a sua criação física.

Você está entrando no medo da autoexpressão. Você trabalhará a cura de seus medos e alcançará o primeiro nível de oportunidade para reprogramar sua energia. Aceitação, perdão e amor incondicional formam a trindade de energias que podem criar um poderoso catalisador em sua vida. Você começa a explorar frequências com novas ressonâncias em sua vida. Por exemplo: você pode ter uma frequência pré-programada que o mantém na pobreza. Você terá a oportunidade de alterar essa frequência para uma frequência de abundância.

Expressar-se nessa nova frequência positiva, em relação a qualquer coisa que lhe aconteça (boa ou má), o ajudará a sair da armadilha. Um comportamento novo e positivo abrirá a porta da sincronicidade em sua vida. Você notará mais orientação, que sempre esteve disponível, embora você não tenha sido capaz de notá-la com proeminência anteriormente.

Número 5 – (3+2=5) 1º chacra – Em um movimento no sentido horário, você viajará do 5º chacra até chegar ao 1º chacra, que é a energia da sobrevivência física. Você trabalhará com três chacras físicos e dois chacras espirituais.

(5º chacra + 4º chacra + 3º chacra) + (2º chacra + 1º chacra) = 5, ou 3+2=5

Quando atingir esse nível de energia, é provável que você já esteja em sua viagem espiritual há algum tempo, talvez mesmo por anos. Você pode questionar suas encarnações, pode querer voltar para casa, no Universo. Você será desafiado por outros níveis de medo, vergonha e culpa. Então, elimina e cura essas energias em várias camadas, como o descascar de uma cebola.

Essa energia o coloca à entrada da segunda armadilha. Sua alma quer que você passe por essa segunda armadilha, enquanto seu ego, mais do que nunca, teme pela sua sobrevivência física. Ele fará qualquer coisa para mantê-lo aqui, até deixá-lo doente ou ainda manifestar todos os tipos de confusões para mantê-lo preso aqui. Seu ego humano possibilita que você seja espiritual e que cresça a níveis de consciência impressionantes. No entanto, o programa do ego existe para mantê-lo seguro e vivo. Ultrapassar esse ponto significa, para o ego, pisar em território desconhecido. Imagine que o ego é seu cão de estimação, muito medroso e, nesse momento, está latindo bem alto.

Mais uma vez, você terá de encarar os seus medos. Desta vez, aqueles medos estão misturados a um "medo monstruoso" que o ego, carinhosamente, criou para protegê-lo. Será essencial compreender a energia do seu ego para que você possa se perdoar. Você é parte desse ego, e esse ego é parte de você. Perdão, amor incondicional e luz divina para iluminar seu caminho futuro formam a trindade para o catalisador de que você necessita.

A cura consciente de suas vidas passadas é importante nesse nível. Você começará a curar seu TEPT-A enquanto cura as feridas da alma que o mantêm preso ao ciclo de reencarnações.

Caminhar por essa passagem é como caminhar em um túnel escuro. Você não pode ver a luz do outro lado durante boa parte do trajeto. Não tem graça. Quando começa a vislumbrar a luz e a sentir a orientação divina de Deus, você pode começar a reprogramar seu modo de sobrevivência para uma consciência superior, enquanto se mantém no corpo físico. Esse é o momento em que, conscientemente, você começa a se conectar com as energias 4D e 5D, como seus ancestrais fizeram. Você não mais tocará essa energia acidentalmente, em vez disso, incorporará essa energia.

O amor é a frequência mais importante e é a chave que você precisará para ultrapassar esse nível. Quando alguém tem amor por outro ou por alguma coisa (mais do que por sim mesmo), essa pessoa é capaz de realizar coisas inacreditáveis. Uma pessoa apaixonada está em uma corrente de frequência miraculosa em que tudo é possível. A progressão acontece do medo para o amor e para a paz. A frequência do amor é a melhor forma, não tenha medo de sentir emoções com seu coração humano.

Número 8 – (5+3=8) – O 8º degrau de seu primeiro chacra é seu ponto de energia acima da cabeça.

(1º chacra + 2º chacra + 3º chacra + 4º chacra + 5º chacra) + (6º chacra + 7º chacra + 8º ponto) = 8 ou 5+3=8

Quando observa o quadro, você ainda está na janela do presente; em vez disso, deveria estar no futuro. Em nossa contagem de 21 degraus, esse é o 13º degrau. Essa é sua terceira armadilha.

O número oito contém a energia da transição. Esse é um nível de energia em que sua alma passa do corpo físico para o Céu, depois de sua morte. Quando você alcança essa energia, enquanto ainda está no corpo físico, você está conscientemente ligado às energias 4D. Você pode viajar de forma astral, pode se conectar com outras dimensões ou pode experimentar com vidas paralelas. Você pode se perder nesses lugares, e isso pode se manifestar como uma doença mental em seu corpo. É por isso que o desencorajamos a usar qualquer alucinógeno, drogas, álcool ou plantas mestras para estimular sua mente. Aprenda a trabalhar com esse nível de energia com a mente limpa e consciente. Você não quer se lançar, despreparado, nesse nível de energia, nem por uma fração de segundo. Por mais emocionante que pareça, não valerá a pena. Esse nível de energia possui todos os tipos de energias negativas ligadas a ela, e que querem apenas possuir o corpo. Elas não nutrem grande desejo de estar em um corpo, por isso, ousadamente, se agarram a qualquer um que queira hospedá-las. Até essas entidades e energias têm de seguir a lei do livre-arbítrio, por isso elas se impõem como professoras, guias, anjos e espíritos descendentes. Querem que você as convide a utilizar seu livre--arbítrio, para que elas possam entrar em seu campo de energia. Descobrirão seu ponto fraco. Elas serão aquilo que seu subconsciente quer que elas sejam. Podem ajudá-lo temporariamente, ou podem partilhar uma informação incrível com você. Porém, no final, elas conquistarão um controle devastador em sua vida, e viverão por seu intermédio. Você pode aprender a testar a energia. Pergunte três vezes, por exemplo, "Você vem do amor e da luz"? Receber um "sim" como resposta três vezes seguidas mostrará uma energia positiva. A energia negativa não pode mentir três vezes seguidas. Isso o ajudará a distinguir entre energias positivas e energias negativas.

    Essa energia também desafiará seu ego, que sempre será uma parte de você enquanto você estiver no corpo físico. Nesse ponto, infelizmente, muitos trabalhadores espirituais desenvolvem um ego espiritual e começam a se achar melhores que os outros. Eles sabem mais, viram tudo, e podem achar que são a encarnação de alguma figura importante da história. Não se prenda a isso, trata-se simplesmente de uma armadilha! Você pode desenvolver algumas habilidades impressionantes, ter o dom da cura e estar ao serviço da humanidade. No entanto, ainda há algumas armadilhas em seu caminho até conquistar o esclarecimento enquanto ainda está no corpo físico.

Se alguns de vocês decidirem permanecer nesse nível, nós, carinhosamente, respeitamos essa vontade. Sabemos que você terá de enfrentar o medo da morte para atravessar esse ritual de passagem, provavelmente várias vezes. Você enfrentará medos baseados na sobrevivência, porém, essa pode ser a parte mais emocionante de sua vida.

O número oito trata do infinito, da construção da confiança com o Universo e com Deus. Você construirá a confiança com orientação, com seu coração, sentindo o amor incondicional de Deus, e sabendo que não está sozinho. Você sabe que tudo terminará bem. Você apenas está vivendo alguns terremotos em sua vida (em várias escalas). Contudo, se estiver preparado para deixar partir e deixar Deus, você realmente entrará na pele de um humanitário, um trabalhador da luz, o verdadeiro professor que você é. Para ser capaz de sair desse nível, você precisa curar sua alma. O que aconteceu na Terra tem de ser curado na Terra por meio do corpo humano físico. Enquanto trabalhar na cura de sua alma, todas as fitas de DNA serão naturalmente ativadas e suas habilidades podem ser extraordinárias.

Restabelecer sua confiança em Deus é um componente-chave nesse momento.

Número 13 – (8+5=13) O primeiro degrau – Continue em um movimento em sentido horário, conte 13 degraus para baixo e você chegará ao primeiro degrau, o cristal do Deus Substituto.

Quando for resgatar sua alma do cristal, você precisará passar por todos os níveis de energias inferiores, e também pelo Reino Animal, pelo Reino Vegetal e pelo Reino Mineral. Nesse momento, sua intuição e sua confiança em Deus estarão sólidas. Você será guiado em sua viagem. Seu corpo passará pela purificação, sua alma será totalmente curada e você terá pleno conhecimento de seu passado.

A conclusão de sua cura da alma é um componente-chave nesse momento.

Número 21 – (13+8=21) – O 21º degrau – Esse será seu último nível de transição e também a total incorporação da energia 5D.

Você viajará pela vida (passada, presente e futura) sem nenhuma influência de seu DNA animal (seu ego). Quando resgatar sua âncora do cristal do Deus Substituto, deixará o ego para trás. Embora esteja no corpo humano (você precisa estar no corpo físico para dominar completamente a maneira de se desligar da rede), você não terá mais interesse, durante a vida humana, por coisas como ganhar a vida, ter uma casa, sair de férias, comer, etc. Você buscará a solidão na natureza, porque a natureza tranquiliza sua alma. Caso encontre outras pessoas como você, que estejam no mesmo caminho e no mesmo nível, vocês podem sentir o desejo de passar o resto de suas vidas juntos, como fizeram os antigos lemurianos, em harmonia com a natureza. Se você chegar a esse nível, partilhe isso com a humanidade criando a partir de sua alma. Se deixar livros escritos com sua alma e com amor incondicional, ou estruturas megalíticas construídas com sua alma e com amor incondicional, eles permanecerão aqui por muito tempo; mas não mais o prenderão a este mundo. Entretanto, criar será um desafio, porque você não terá necessidade, mas o encorajamos a criar. Você acolherá totalmente "Ser Deus". Será guiado pela energia divina com a qual deverá criar para deixar um rastro cintilante, assim outros encontrarão o caminho de volta para casa.

Estabilizar-se no 21º degrau e evitar espirais descendentes espontâneas é um componente-chave nesse momento. Ter inabalável confiança em Deus, amor incondicional por toda a criação (incluindo você) e sua consciência são os três ângulos de seu último degrau. Você pode permanecer nesse degrau o tempo que quiser, enquanto ainda estiver no corpo físico, até estar preparado para voltar para casa conscientemente, e pelo seu próprio livre-arbítrio. Se, inconscientemente, desejar ir para degraus inferiores, você pode, mas terá de retornar ao degrau 21 com frequência para se lembrar dele totalmente.

A trindade

O seu número mestre é o três. O três é o catalisador e o criador. O três é o triângulo.

Sua escada (o presente, o passado e o futuro) possui 21 degraus, cada um deles em formato triangular. Cada degrau contém três ensinamentos importantes. Imagine-se subindo um degrau de cada vez. Quando chegar ao último degrau, todos os degraus abaixo se fecharão como um origami. Você simplificará 21 em 3 (2+1=3), representando as três partes de sua viagem – o passado, o presente e o futuro em um último degrau.

As 12 fitas de DNA se simplificam em 3 (1+2=3), seu físico (ego), seu espírito (alma) e o DNA de Deus (que é VOCÊ no presente). Assim, aquelas três fitas do seu DNA são as mais importantes.

Seus sete chacras principais se dividem em três grupos principais. Cada grupo é representado pelo raio de uma cor curativa: vermelho, azul e verde. três cores, e a combinação do passado, do presente e do futuro são outras combinações do número três.

Em resumo, duas partes representam as energias de dar-receber, e do empurra-puxa. Elas simbolizam a energia da dualidade que utiliza as duas fitas principais de DNA. Pode surgir um belo equilíbrio ou harmonia, mas ela nunca evoluirá sozinha. É como andar em círculos, repetindo várias vezes. Por sua vez, as três partes que estão em sincronia são capazes de servir como catalisador e transformar sua vida em novos níveis. Comece pelo círculo, encontre duas polaridades, como a chama gêmea. Aprenda com elas, equilibre-as e procure uma terceira parte para evoluir ainda mais. Na linguagem da geometria sagrada, você é um círculo dentro de um triângulo.

Aqueles 21 degraus são construídos em formatos triangulares, e não em círculos.

Para se tornar como seus ancestrais extraterrestres, primeiro você precisa curar sua alma. É por esse motivo que os Pleiadianos embarcaram em uma grande "viagem de resgate da alma", para lhe oferecer o conhecimento para curá-la. A alma é infinita, mas ela pode se perder em dimensões. Muitas se perdem.

O jogo da vida

Imagine que a vida na Terra é como a simulação de um *videogame*, e seu *game* tem 21 níveis. Você tem de prestar atenção às armadilhas. O objetivo é apanhar o cristal e chegar ao degrau 21. Então, você poderá ficar e repetir todo o ciclo, ou ir para casa de bom grado. O degrau 22 é o início de um jogo totalmente novo, e o cenário não é a Terra.

Capítulo 4

Deus é um Triângulo

"Deus é um triângulo, assim como você."

Você pode olhar para o objeto que representa um triângulo e se perguntar, como isso pode ser Deus? Ele é apenas um triângulo. Ele tem três cantos, algo que pode ser visualizado, pode ser definido em palavras e é perfeitamente definido em uma fórmula matemática exata. Não é o formato em si que deve ser compreendido, e sim seu significado. Esse significado também se aplica a você. Se você possui uma centelha de Deus, então você é Deus e, portanto, você também é um triângulo. Como um triângulo é composto de três partes, você deverá encontrar essas três partes dentro de si para se tornar Deus.

Pitágoras, o antigo matemático grego, apresentou a seguinte fórmula aos seus alunos para calcular os lados de um triângulo:

$$a^2 + b^2 = c^2$$

Os números são uma linguagem universal. Eles fazem parte da Linguagem da Luz que nossos ancestrais compreendiam e falavam. A queda da Torre de Babel marcou a era em que o idioma universal foi intencionalmente confundido, misturado e separado em vários idiomas diferentes, para que os humanos não pudessem se comunicar livremente entre si. Eles não podiam mais partilhar o conhecimento que possuíam. As línguas que vocês falam hoje são compostas por letras ou símbolos, e não números e formas geométricas. Portanto, os números e as formas geométricas fazem parte de uma língua original que não podia ser misturada. Deus criou esse Universo com precisão matemática, e ninguém tem poder para desconsiderar o código de Deus. Se as formas geométricas pudessem expressar todo o seu significado audivelmente, você teria todas as respostas que procura.

Conforme mencionamos anteriormente, a Terra é um lugar de dualidade. Tudo tem um componente físico e espiritual. Até mesmo os números. A parte física dos números representa a precisão lógica. Nessa parte, não há lugar para erros. A parte espiritual de um número representa o conhecimento, a sabedoria, a orientação, a progressão e o espaço para crescer e também para os erros. Alguns desses erros acabam sendo as últimas invenções para a humanidade. Mas é importante relembrar que tudo acontece em um espaço muito bem definido e controlado pelos números e pelas formas. Não há coincidências.

Vamos analisar a fórmula de Pitágoras e aplicar sobre ela a definição espiritual.

a= para seu EGO (medo)
b= para sua ALMA (amor incondicional)
c= para o VOCÊ consciente (paz)

Em seguida, precisamos que cada assunto esteja sob o poder do dois. Em significado espiritual, o número dois representa a dualidade, a união ou a divisão. Na forma geométrica, a dualidade é representada em um círculo. Nessa fórmula em particular, utilizamos duas partes opostas que se atraem. Quando harmonizadas, essas duas partes criarão uma união equilibrada. Como os símbolos da escuridão e da luz em um círculo, onde a energia neutra (o meio perfeito) é a conclusão.

As duas partes:

EGO = vítima, agressor
ALMA = feridas da alma (bloqueios), cura da alma
VOCÊ = criativo, destrutivo

O **ego** se divide entre vítima e agressor.

O seu DNA físico é definido pelo seu ego humano e funciona a partir desse nível de energia. O ego, dependendo de sua infância, faz de você uma vítima ou um agressor. Em geral, isso acontece entre os 7 e os 14 anos, e são os seus primeiros anos "influenciados pelo ego".

Lembre-se que o papel principal do ego é garantir sua sobrevivência e possível reprodução. Com base nas circunstâncias de sua infância, seu ego instalará um programa principal para assegurar sua sobrevivência. Há apenas dois programas para escolha – vítima ou agressor. Um deles se tornará o programa principal, mas você poderá facilmente flutuar entre duas personalidades, dependendo dos desafios de sua atual vida física.

Um aparte: não se irrite com as palavras vítima ou agressor. São apenas palavras para descrever energias físicas. Sua tarefa é compreender totalmente o significado delas e como você é reprimido por elas. Se você já trabalhou com essas energias, então seu ego é neutro e o som dessas palavras não abalarão seus nervos.

A **alma** se divide em duas partes. A parte bloqueada, que necessita de cura, e a parte que curou e sabe como curar.

Desde que ancorou parte de sua alma no cristal, você está preso em um padrão repetitivo de reencarnações. Cada encarnação traz seus próprios desafios e pode deixar feridas emocionais significativas em sua alma. A única forma de sair do ciclo de reencarnações e se desconectar do cristal é adquirindo conhecimento espiritual e curando todas as feridas de sua alma. A cura da sua alma tem de ser feita a partir do corpo físico, enquanto você vive na Terra. Como dissemos anteriormente, o que aconteceu na Terra tem de ser curado na Terra. Quando sua alma estiver curada de todas as vidas presentes e passadas, você terá uma energia de alma neutra.

Sua energia pessoal se divide em energia criativa e energia destrutiva.

Seu poder está armazenado em sua alma, não em seu ego, porque o ego o utilizaria de forma equivocada, mesmo que com boas intenções. Quando você cura todas as partes de seu ser, você se torna divino e desbloqueará totalmente seu conhecimento e suas habilidades extraterrestres.

Se você observar sua história antiga, encontrará muitas histórias sobre Deuses (extraterrestres) que eram criativos e destrutivos. Você, como Deus, também possui o poder da criatividade e da destruição, que pode ser utilizado para criar coisas incríveis ou para, possivelmente, destruir toda a humanidade. Não precisamos recuar muito para relembrá-lo das bombas nucleares. A questão é: você realmente está preparado para ser VOCÊ? Você está preparado para assumir a responsabilidade de sua sabedoria sem tirar vantagem de suas habilidades e de seu conhecimento? Você consegue manter a frequência do amor incondicional? Você pode ser uma mãe ou um pai para quem precisa? Você pode se tornar um verdadeiro professor para os que buscam? Você pode suportar a dor da humanidade em seus ombros e, no entanto, compreender que você só pode ajudar aqueles que estão genuinamente prontos para uma grande transformação? Você pode aceitar que não é o juiz e que não poderá tomar o destino de outros em suas mãos, a não ser que eles concordem 100%, dentro de suas almas, em tomar essa decisão? Se sua resposta for sim a todas essas perguntas, então você poderá conquistar seu objetivo.

Quando você se tornar um verdadeiro professor, um novo humano e um Deus em seu mundo, verá claramente o que está disfuncional e saberá como ajudar. Poderá ser por meio de tecnologia, invenções, curas, conselhos ou apenas mantendo a frequência da paz, da tranquilidade e do amor incondicional; depende de qual for seu chamado. Porém, você terá de respeitar caso alguém escolha o caminho do sofrimento, não importa o motivo. Faz parte de seu livre-arbítrio escolher o caminho do sofrimento ou o da felicidade. Quando você atinge o ponto de se tornar Deus, você escolheu o caminho da felicidade e deixa para trás um caminho dourado para outros seguirem, quando estiverem prontos. Você pode oferecer uma mão amiga, mas permita que os outros sigam seu caminho.

Quando compreender essas palavras, você as aplicará na fórmula:

$$a^2 + b^2 = c^2$$

O EGO (movido pelas energias vítima/agressor) + a ALMA (movida pelas feridas da alma/energias curativas da alma) = VOCÊ (movido pelo poder de suas energias criativa/destrutiva – fogo)

O ego e a alma estão programados para estimular sua realidade, mas você é a variável, o catalisador para mudar sua vida. Você é Deus!

O fator consciência

A equação do triângulo é o fator consciência. O processo começa antes mesmo de você observar a fórmula. Isso acontece porque ele começou no momento em que você tomou consciência dele. Na linguagem dos números, a consciência é representada pelo número três. O primeiro número representa um novo começo ou uma única opção. O segundo representa a dualidade, ou duas decisões separadas. No entanto, apenas o terceiro número lhe fornecerá a consciência do passado, do presente e do futuro. Ele oferece três escolhas, deixando com você o potencial para criar.

A consciência é um triângulo. Você começa na consciência para encontrar seu verdadeiro eu. Existem três círculos escondidos dentro de um triângulo, cada um representa uma parte da dualidade (ego, alma e você). Quando você tem consciência, é mais provável que você seja neutro, escolha a cura e acenda seu fogo criativo.

Trabalhar com essa equação o ajudará a reprogramar e a repadronizar sua vida para que você possa seguir a felicidade.

Por enquanto, nós o deixaremos com essa teoria. Nos capítulos seguintes, você aprenderá a trabalhar com seu ego para alcançar uma energia neutra. Conhecerá as principais feridas de sua alma e como curá-las. Nós o guiaremos na busca do poder de sua alma antiga, que está temporariamente oculto em seu eu supremo.

Capítulo 5

O DNA Físico

Nós, os Pleiadianos, sempre nos admiramos com a criação humana. Você se acha muito complicado e, em geral, torna as coisas mais complexas que o necessário. Às vezes, acha que ninguém o compreende, ninguém ama você, todos o abandonaram, ou então assume seu eu guerreiro e está pronto para enfrentar o mundo inteiro, *completamente sozinho*, teimoso como uma mula.

Você nunca está sozinho. Convidamos você a trabalhar conosco e a se sentir como nós. Gostaríamos que simplificasse toda a informação que possui. Essa é uma das razões pela qual este livro foi escrito em termos muito simples, para que qualquer pessoa possa entender. Nossa intenção é que compreenda as emoções que o mantêm preso em sua vida. Ajudamos você a se libertar de sua escravidão humana, oferecendo conhecimento, em vez de interferir fisicamente em sua realidade. Podemos repetir a mesma coisa várias vezes para que você tenha aquele momento "aha!", no qual terá toda a informação necessária para mudar sua vida. Você é seu próprio curador! Você é seu próprio guru! O conhecimento quebrará suas correntes invisíveis. O amor incondicional o ajudará a se curar. É você que deve se tornar parte ativa de sua cura, tanto física quanto espiritual.

Os dois capítulos seguintes focarão no DNA físico. Primeiro, você receberá a teoria com exemplos e, em seguida, ferramentas práticas para sua transformação. Pode parecer entediante, pois esse conhecimento sempre esteve na Terra. Todos os verdadeiros professores, no passado (e no presente), utilizaram essas ferramentas, embora você possa chamá-las de nomes diferentes.

É importante compreender que o ego é um efeito secundário do DNA animal – o DNA físico –, que foi utilizado na criação do corpo físico. A energia do ego é muito diferente quando comparada à energia da alma (energia espiritual), que provém dos benevolentes extraterrestres.

Função básica

O ego funciona apenas em energias de baixa dimensão, pois ele não conhece outra coisa. Como foi mencionado anteriormente, a função do ego é assegurar sua sobrevivência e possível reprodução. A energia do ego está com você desde a concepção. Durante os primeiros nove meses de sua vida, no ventre de sua mãe, o ego trocou arquivos com a alma e observou a dinâmica de sua família. Ele age assim para ter uma ideia de como moldar sua personalidade e mantê-lo vivo com base nos dois programas que ele tem disponíveis. O ego permanecerá em modo de observação durante os primeiros sete anos de sua vida, já que esses anos são influenciados pela alma. Durante os primeiros sete anos, sua alma e seu ego partilharão o chacra do coração, até o ego descer para seu terceiro chacra, criando para si um ninho confortável que emergirá como sua personalidade. Esse é o início da sequência de Fibonacci (1, 1).

O ego tem apenas dois programas disponíveis para escolha, que são a vítima ou o agressor. Cada um deles possui funções específicas que você deve compreender totalmente, já que conhecimento é poder. A boa notícia é que você pode alterá-lo conscientemente e, conscientemente, usar seu ego para seu próprio benefício. Seu ego permanecerá consigo durante toda a sua vida física, porque ele é parte de você. Imagine que ele funciona como seu querido animal de estimação, que você ama incondicionalmente. Ele/Ela jogará de acordo com suas regras e fará tudo para agradá-lo.

Ações conscientes

Tornar-se consciente dos sentimentos e ações do seu ego e ser capaz de identificá-los sem emoções dolorosas (agora estou agindo como vítima, agora estou agindo como agressor) é o primeiro passo consciente.

Você quer observar seu ego como um falcão, pois o ego é o mestre da malandragem. Os programas da vítima e do agressor podem, facilmente, variar para a frente e para trás e escolher ser um ou o outro para ajudar você em situações específicas da vida.

Compreenda que o ego tem uma tarefa difícil. Ele é uma mãe ursa, selvagem e perigosa, que protege seu filhote a todo custo; mas você pode conquistar sua confiança e domá-la. Você pode domar o animal selvagem que está dentro de si, seja um urso, um lobo, um camaleão, uma tartaruga ou qualquer outra coisa.

Quando tiver plena consciência de seu ego, você alcançou a sequência de Fibonacci número 2 (lembre-se que você pode ir para frente e para trás na sequência de Fibonacci até ficar estabilizado). Você pode, facilmente, ficar preso no círculo de experiências altas e baixas (alma – ego).

Após despertar, o ego permitirá que você cresça espiritualmente até certo ponto; no entanto, ele ainda vai querer manter o controle. Se você sentir que ainda precisa manter o controle, ou tem altos e baixos espirituais, chegou o momento de domar seu ego, o que significa tornar-se consciente de suas ações e aprender a estar na energia neutra.

O ego escolhe o programa

A narrativa a seguir é apenas um exemplo de como o ego escolherá o programa certo para você. Há muitas histórias, e você tem a sua. Talvez você possa escrever a história de sua vida, ou o que aconteceu com você, para poder refletir sobre o assunto e curá-lo. Ouvimos você, sentimos sua dor, e lhe enviamos amor incondicional.

Duas crianças, de duas famílias biológicas distintas, viviam em diferentes partes do mundo e tiveram o mesmo tipo de infância durante os primeiros sete anos de suas vidas. O pai era alcoólatra e gritava constantemente com sua esposa. Às vezes, ele também batia nela. Com frequência, ele gritava com os filhos e sempre via algo de errado neles. Ele infligia castigos físicos ou os torturava emocionalmente. A mãe era triste e apresentava um padrão de vítima. Ela sentia que não poderia abandonar o marido. Inventava razões e desculpas, com promessas de que ele iria melhorar.

Cada uma dessas crianças (vivendo em famílias biológicas diferentes e em países diferentes) estava secretamente zangada, mas não conseguia expressar bem seu sentimento. Elas queriam que o pai mudasse e que a mãe encontrasse a coragem para abandoná-lo. As duas sentiam culpa porque achavam que se tratava de algo que fizeram e, por isso, seu pai agia daquela maneira. Elas se culpavam.

Uma das crianças começará a se esconder mais, a ficar mais quieta e a se retirar do mundo. Se esse menino pudesse, ele seria invisível. Quando alguém, como um professor na escola, nota essa criança, ela começa a se sentir desconfortável, enrubesce, desenvolve ansiedade ou baixa autoestima e torna-se um alvo perfeito para os agressores. Na maioria das vezes ela guarda a raiva, a vergonha, a culpa e a humilhação silenciosamente dentro de si, mas essas emoções irão torturar essa criança secretamente todos os dias. Ela poderia ser inteligente, ter bom desempenho escolar e, no entanto, outros facilmente a ultrapassam. Esse menino acreditará que há algo de errado com ele, e que ele não merece ter uma vida boa, nem ser amado. O ego humano dele escolheu o programa da vítima. Por fim, ele poderá choramingar com frequência e culpar a todos pelos seus fracassos. Ele autossabotará sua própria felicidade. Infelizmente, uma vida de sofrimentos trará alguns níveis de conforto a essa criança, porque o sofrimento funcionará como autopunição.

A outra criança será mais agressiva e começará a se rebelar. Durante seus primeiros sete anos de vida, sua alma ainda se lembra de fragmentos de vidas passadas. Algumas almas se recusam a se curvar diante de um agressor e acabam, elas próprias, por se tornarem agressoras. Trata-se de um instinto de sobrevivência animal. Na mente desse menino, ninguém irá machucá-lo, física ou emocionalmente, porque ele fará alguma coisa antes mesmo que alguém tente. Muitos agressores foram, primeiramente, vítimas; porém, a carga da vítima é muito pesada para seu sistema nervoso. A raiva "atualiza" o programa para agressor e faz com que o corpo sobreviva e funcione em sociedade. Essa criança está determinada a não permitir que ninguém a faça sentir aquilo que seu pai a faz sentir. Lentamente, ela desenvolverá uma barreira de "casca grossa" invisível e não permitirá a entrada de muitas emoções. Seu ego humano escolheu o programa do agressor, por isso essa criança será mais ruidosa. Ela vai querer ser a melhor em tudo e não se importará em trapacear para atingir seus objetivos. Agirá como se soubesse tudo e torturará todos à sua volta. Ela pensará que é feliz, porque consegue aquilo que deseja, e estará, constantemente, no comando.

Os dois meninos crescem e se tornam indivíduos bastante difíceis de se lidar. Um culpa a todos por seus próprios problemas, o outro está sempre certo; ambos deixam as pessoas à sua volta infelizes. É importante lembrar que, outrora, ambos foram bebês muito pequenos e plenos de amor incondicional divino e não controlavam o programa que o ego escolheria. Desde então, eles apenas aprenderam a lidar com ele para sobreviver.

O programa da vítima

Energia física: a vítima pode ser descrita como um perdedor, alguém de quem todos tiram proveito. Ele é um trabalhador árduo, generoso, um mestre da sobrevivência, um camaleão que se adapta ao ambiente e pode se tornar invisível, caso seja necessário.

A vítima sempre precisa impulsionar sua energia física e necessita de muita inspiração para realizar qualquer coisa. O que torna o dia a dia exaustivo física e emocionalmente.

A vítima é uma pessoa diligente, capaz de se convencer para conseguir o que deseja e, quando começa a dar certo, tudo desmorona. Ela tem de começar novamente. Em geral, você a ouvirá dizer: "Eu tento tanto e quando finalmente consigo aquilo que quero, alguma coisa de ruim acontece e tenho de começar tudo de novo". Ou: "Eu tenho medo de me sentir feliz porque algo de ruim vai acontecer". Ou, "todas as pessoas à minha volta são bem-sucedidas, menos eu. Sou como um amuleto de sorte para todos, menos para mim. Estou tão cansado disso". Algumas pessoas veem as vítimas como preguiçosas, mas, na realidade, as vítimas estão paralisadas pelo medo do fracasso, e estão cansadas de tentar.

Energia emocional: as vítimas funcionam, principalmente, com o lado direito do cérebro, a energia criativa feminina. A vítima é um sonhador surpreendente que raramente alcança seus sonhos por medo de uma possível humilhação. Ele luta com medos do fracasso e medos do sucesso. Ele adia, em geral arruma desculpas, autossabota e está preso a um estado de espírito de pobreza (mesmo que ele seja rico). A vítima sonha secretamente que alguém a salvará. Ela não é capaz de ver seus sonhos se realizarem porque, subconscientemente, não se acha digna de ser abundante, de ser amada ou de ser bem-sucedida e feliz. Possui uma autodisciplina pobre, afoga-se em constantes sentimentos de medo, culpa, vergonha, humilhação e desespero. Ela tem baixa autoconfiança e baixa autoestima. As vítimas se transformam em vampiros psíquicos inconscientes quando reclamam constantemente. Em geral, carecem de amor-próprio e duvidam de si mesmas o tempo todo. Elas são consumidas por um ódio silencioso, raiva e ciúme, mesmo que a maioria das vítimas afirme até o fim que isso não é verdade. Todas as vítimas sofrem de TEPT-A.

Há muitas pessoas famosas e bem-sucedidas que são, secretamente, consumidas pelo programa da vítima. Por exemplo, medo do fracasso, medo de julgamento, medo de palco, medo de que alguém descubra quem elas realmente são em suas vidas privadas e, também, que não são tão perfeitas quando o mundo pensa que são. Elas vivenciam o verdadeiro medo da humilhação. Infelizmente, às vezes, as pessoas cometem suicídio para escapar da vítima de seu ego. O suicídio não é uma solução permanente, e sim mais uma ferida na alma que deverá ser curada na próxima vida.

Tudo isso é bobagem, você pode ser quem quiser. Se quem você for vem de seu coração, não precisará impressionar ninguém, não precisará ser perfeito. Infelizmente, muitas pessoas encontram um estado de espírito pacífico temporário em drogas, medicamentos de prescrição e álcool; essas coisas as ajudam a esquecer de tudo por um tempo. O que leva você até essas substâncias? Seu ego, para que ele o possa controlar facilmente. Será que conseguimos sua total atenção?

Observação da autora: Para compreender o próximo passo, quero partilhar com você o fato de que os Pleiadianos trabalharam comigo durante quase um ano antes de este capítulo ser escrito. Eles me forneceram observações e exercícios para, conscientemente, entender o programa vítima/agressor. Eles também me guiaram em direção às fontes corretas para o conhecimento. Ann, minha amiga e verdadeira professora, ensinou-me como reconhecer esses programas e curar os padrões de vida. Fui orientada a ler o livro *The Eye of the I, From Which Nothing is Hidden*, de David R. Hawkins, e também a estudar o Mapa de Consciência que David Hawkins partilhou em seu livro. Pratico isso em meus clientes e em mim mesma, com grande sucesso. Agora, os Pleiadianos e eu podemos partilhar isso com você.

O padrão da vítima – emprego novo

Este é apenas um exemplo, pois existem muitos outros cenários. Esses passos o ajudarão a ver como o programa da vítima funciona e como ele pode ser alterado.

Você está preso em um emprego de que você não gosta. Você precisa ganhar mais dinheiro e gostaria de trabalhar em um ambiente melhor, no qual se sentiria valorizado e apoiado.

Um dia, depois de um colapso total, você finalmente fica **bravo** consigo mesmo, em seu emprego atual, e encontra a **coragem** para dizer a si mesmo que buscará um emprego novo. Você sente alegria! Está **superexcitado**! Começa a fazer planos, a sonhar com seu novo emprego, em como ele será incrível. Você está muito encorajado e inundado por pensamentos positivos. Caso tenha uma mente imaginativa, visualiza completamente o que está acontecendo, como se fosse um conto de fadas que se tornou realidade.

Em seu emprego atual, você fica mais infeliz do que nunca, tem o conto de fadas perfeito em sua cabeça sobre seu novo emprego, mas esse emprego o restringe antes mesmo de se candidatar a uma nova posição. Você despertará uma energia ou uma sensação de **orgulho** sobre como você é muito bom para seu atual local de trabalho, e se torna **pretensioso** (mesmo que seja apenas em sua cabeça) sobre como seu desempenho no trabalho é perfeito. Você pode até se tornar **arrogante** com seu chefe.

Você começa a criar **desculpas** bastante razoáveis sobre por que não pode realmente se candidatar a um novo emprego. Eles precisam de você em seu emprego atual, porque você faz algo que mais ninguém pode fazer. Seu trajeto diário será mais longo, você terá de usar uniforme, o uniforme pode ser desconfortável, etc.

Alguém em seu emprego atual faz com que você se sinta bem consigo mesmo, e você começa a pensar: "Será que realmente vale a pena? Eu não deveria ficar aqui"? Seu ego, alegremente, fornece o "sim" para você. **Você abandona seus sonhos e se contenta com aquilo que tem**. Durante certo tempo, você se sente calmo e pacífico, afinal de contas, faz parte desse lugar onde você trabalha. Nesse momento, você pode culpar alguém e fornecer alguns bons comentários de vítima, como "porque os meus pais eram pobres, eles não puderam me proporcionar uma educação melhor", ou "porque meu marido não me apoia", etc.

Você permanece no estado de calma, tentará executar seu trabalho da melhor forma possível, ajudará os outros, fará hora extra sem pagamento. Então, emocionalmente, tudo começa a acumular novamente e você fica nervoso. Todo o **padrão** se repete.

Agora, observe algumas palavras-chave do padrão descrito e note como uma evolui para a outra. Não apenas leia essas palavras, sinta-as em todo o seu corpo, especialmente em seu coração e em seu baixo-ventre.

Raiva – coragem – alegria – superexcitado – sonho – orgulho – pretensioso – arrogante – desculpas – abandonar seus sonhos e se contentar com aquilo que tem – repete.

Agora, compare a energia dessas palavras com a energia das palavras a seguir. O que parece melhor para você?

Raiva – coragem – neutro emocionalmente – vontade – seguro – amor incondicional – agradecido – pesquisa – adquirir conhecimento – enfrentar todos os medos – vale a pena, e você também vale a pena – positivo – candidatar-se a uma vaga de emprego – sentimento neutro – confiança – conseguir o novo emprego – seu padrão de vítima alterado.

O padrão curativo da vítima – emprego novo

Você está preso a um emprego de que você não gosta. Você precisa ganhar mais dinheiro e gostaria de trabalhar em um ambiente melhor, no qual se sentiria valorizado e apoiado.

Um dia, após um colapso total, você finalmente fica **bravo** consigo mesmo, com seu emprego atual, e encontra a **coragem** para procurar um novo emprego. Você permanecerá neutro emocionalmente em relação a isso, porque sabe que quando fica superexcitado, tende a queimar toda a energia criativa e, em seguida, fica cansado. Você está **disposto** a colocar todo o seu esforço nisso. Começa a fazer planos e faz uma lista de como gostaria que seu novo emprego fosse. Você está inundado por pensamentos positivos, você se desencoraja a pensar sobre os fracassos do passado ou sobre como esse emprego será maravilhoso. Você sabe o que quer e você sabe que dará certo.

Em seu emprego atual, você se torna mais infeliz do que nunca. Você vê claramente que isso já não funciona para você, e precisa ficar se relembrando de que é **seguro** mudar de emprego. Seu ego está muito amedrontado. Todos os dias você envia **amor incondicional** para todos e tudo nesse emprego. Você é **grato** pela oportunidade que teve. Sabe que esse emprego é apenas uma ponte para algo melhor, e terminará em breve. Há outra pessoa esperando por esse emprego e amará esse trabalho assim como você amará seu novo emprego.

Você está bem consciente do medo do fracasso, do medo do sucesso e não permitirá que nenhum sentimento de baixa vibração, baseado no passado, o derrube. Você permanece neutro, fazendo sua **pesquisa** para o novo emprego. Caso necessite se matricular em alguma escola para **alcançar o conhecimento** de que necessita para esse emprego, você planejará para isso adequadamente e fará o que precisa ser feito. Reconhecerá todas as "desculpas" sobre por que você não deveria conseguir o novo emprego e **enfrentará todos os medos** que estão por trás dessas desculpas. Essa parte pode levar alguns dias, ou mesmo alguns anos, mas se um novo emprego é o que você deseja, **tudo valerá a pena, e você vale a pena!**

Você aprende a permanecer **positivo** porque mudou a forma de se relacionar com os comentários negativos de seus atuais companheiros de trabalho. Isso já não o incomoda. Você sabe que seguirá adiante e deixará esse emprego e seu antigo padrão de vítima. Você está preparado para **procurar um novo emprego**. Sabe que é qualificado, sente uma autoestima saudável em relação à sua energia e ao trabalho que dedicou para tomar essa decisão. Você continuará a **se sentir neutro.** Não importa se a empresa o contratar ou não, porque se não for essa empresa, o universo tem em mente outra empresa para você. O Universo pode apenas estar testando-o (isso é normal), para ver se você realmente tirou o diploma do padrão de vítima. **Confiança!**

Você foi **contratado para o novo emprego!** Agora chegou o momento de comemorar. Seja alegre, completo, extasiante! Reconheça tudo o que você fez para conseguir essa transformação! Você **mudou seu padrão de vítima**.

Depois de toda essa alegria que sentirá, observe que você permanecerá em uma energia neutra, em vez de cair na energia do orgulho e no programa do agressor "que sabe tudo". Sinta-se seguro e bem consigo mesmo. Realize seu trabalho com a honestidade e a integridade que beneficiam os outros. Evite se comparar com os outros e se esforce para viver a partir de seu coração.

Em resumo, o programa da vítima se torna terrivelmente sobrecarregado pela mudança, causando ansiedade, depressão e ataques de pânico. Medo do fracasso e medo do sucesso tornam esse programa efetivo. Seu ego permitirá que você utilize afirmações e meditações. Ele lhe dará coragem e permitirá que fique animado e feliz com as mudanças que gostaria de fazer em sua vida. O ego o ajudará a ser o "eterno sonhador", mas, na realidade, ele o fará sobrecarregar suas emoções (como um motor superaquecido). Após esgotar sua energia emocional, você terá um colapso emocional e cairá nos sentimentos inferiores de culpa, desespero, humilhação e vergonha. Então, como seu melhor amigo, o ego estenderá a mão para levantá-lo novamente.

Uma forma de sair do programa da vítima consiste em neutralizar suas emoções em relação ao passado e ao futuro. Assim você enfrentará seus medos e ativará sua disposição em se tornar um realizador, em vez de um sonhador. Aprenda a se amar. Defina o que segurança e sentir-se seguro significam para você. Confie em si mesmo e trabalhe de forma consciente na transformação de sua raiva interior em energia de fogo criativo.

O programa do agressor

Energia física: o agressor pode ser descrito como uma pessoa que supera expectativas. Em geral, possui uma boa autodisciplina. Ele tem muita energia e seu sucesso é uma inspiração para os outros. Mas essa energia é complicada e egoísta, porque ela alimenta seu ego, já exacerbado, com o orgulho. Ele é um bom falador e pode virar suas próprias palavras contra você e convencê-lo de que ele está certo. O patrimônio financeiro é extremamente importante, porque ele faz o agressor se sentir seguro. Ele pode ganhar muito dinheiro e pode perder muito dinheiro, terá altos e baixos financeiros ao longo de sua vida. As pessoas que estão no programa do agressor se sentem no direito de ter uma boa vida, por diversas razões. Talvez tenha trabalhado duro para isso, talvez tenha boa sorte, herdou uma fortuna ou nasceu em uma família "afortunada" (quem nasce em uma "família afortunada" não recebe automaticamente o programa do agressor, muitos se tornam vítimas). O agressor também pode ser pobre e ter dificuldades econômicas. No entanto, ele o convencerá de que, na próxima semana, terá uma mansão. Ele sempre tem um plano e é motivado pelo sucesso. Pode jogar em equipe, mas seu bem-estar é sua prioridade número um: "é do meu jeito ou não tem jeito"! Ele grita ou fala alto para expressar seu ponto de vista, intimida os outros e controla tudo! Os agressores planejam e executam o plano, seja uma negociação comercial bem-sucedida ou acusar sua namorada de traição. Se ele estiver convencido sobre o assunto, o agressor tem sempre "razão".

Energia emocional: o agressor funciona, principalmente, com o lado esquerdo do cérebro, a energia masculina e lógica. Ele é um vampiro psíquico. Infelizmente, muitos agressores são conscientes de sua habilidade e a utilizam em seu próprio benefício. O agressor tem comportamentos obsessivos e precisa estar no comando o tempo todo. Em alguns casos, ele não tem constrangimento ou necessidade de seguir regras éticas.

Em sua infância, o agressor ativa um forte mecanismo de autoproteção. Ele desenvolve uma casca invisível, como uma tartaruga. Essa casca serve para esconder sua autoestima, seus medos e suas preocupações; ela cria segurança emocional, um lugar confortável para esconder seus verdadeiros sentimentos. Ninguém jamais verá, alcançará ou utilizará esses sentimentos contra ele. O agressor intimida os outros e, caso alguém se aproxime demais para ver as suas fraquezas, ele redireciona a atenção para outro assunto que não seja ele próprio.

Você pode dizer que o agressor vive em negação e tem problemas de confiança. Ele tem muito medo de se tornar uma vítima, de ser pobre ou de depender dos outros. Tem dificuldade em pedir ajuda ao seu coração. Para ele é mais fácil mandar que outros façam aquilo que ele quer. Ele é obcecado com seu *status* social e com o que as pessoas pensam dele.

O agressor tem medo de emoções profundas, de se abrir para qualquer um, ou de dar amor incondicional. Isso porque a criança dentro dele não quer se machucar nunca mais. Sua definição de amor-próprio é, "eu, eu e eu"; de uma forma nociva. Ele prefere relacionamentos controladores/carentes, em que ele pode manter o controle para não se machucar emocionalmente. Em geral, o agressor é bravo, teimoso, de pavio curto e não tem medo de dizer o que pensa. Ele culpa a todos rapidamente, tem remorsos secretos e muitos desejos. Nada, nunca, é suficiente. O agressor também sofre de TEPT-A e não está disposto a ceder. Ele luta secretamente com o medo do fracasso.

O padrão do agressor – possuir um negócio

Este é apenas um exemplo, já que existem muitos outros cenários. Esses passos ajudarão você a ver como o programa do agressor funciona e como ele pode ser alterado.

Você é um carpinteiro habilidoso e trabalhador e sente que **seu patrão atual não valoriza** o que **você** sabe ou o que você faz. Você fica irritado ao ouvir as bobagens que ele diz. Ele deixa você **nervoso** e você se recusa concordar com o ponto de vista dele. **Você quer** abrir seu próprio negócio.

Você pede demissão e **aceita a responsabilidade** de abrir seu próprio negócio.

Membros de sua **família tentam ajudá-lo** com ideias sobre onde fazer publicidade, possíveis clientes e como iniciar seu negócio. Você reconhece a ajuda deles, mas, em sua cabeça, **eles não sabem nada** sobre carpintaria ou como isso deveria ser feito, por isso recusa a ajuda deles. Você fica mais **estressado**, grita e faz com que todos à sua volta se sintam **incomodados**.

Você entra em sua casca de tartaruga e pensa em tudo **sozinho**, porque sabe tudo sobre essa nova ideia de negócio. Você só confia em si mesmo. Deixa sua família e amigos de fora. Trabalha horas extras e dorme pouco. Está **cansado** e frustrado, mas **motivado pelo orgulho** de que você pode fazer isso. Membros de sua família permanecem quietos à sua volta. Pararam de fazer perguntas ou de oferecer ajuda. Eles saem de seu caminho para que você faça aquilo que "**nasceu**" para fazer.

Você abre seu novo negócio. Consegue os três primeiros projetos. Trabalhará mais de 12 horas por dia, não contratará ninguém para ajudá-lo. Você estuda seu orçamento, mas tem medo de que a ajuda não seja boa. **Não tem tempo ou energia** para sua família. Acha que eles não compreendem o quanto você trabalha e como faz tudo por eles. Você pode **se sentir desvalorizado**, mas **tem aquilo que queria**.

Você permanece em estado de calma e tenta fazer seu melhor, mas, por fim, sua exaustão e sua infelicidade virão ao seu encontro novamente. Você se sentirá desvalorizado, irritado e nervoso. **Repetirá** o padrão, mais uma vez, com ideias diferentes ou pontos de vista divergentes sobre seu negócio.

Agora, observe algumas palavras-chave do padrão descrito anteriormente e note como uma evolui para a outra. Não apenas leia essas palavras, sinta-as em todo o seu corpo, especialmente em seu coração e em seu baixo-ventre.

O patrão não valoriza você – nervoso – você quer – aceita a responsabilidade – família tenta ajudá-lo – eles não sabem nada – estressado – incomodado – sozinho – confia apenas em você – cansado – motivado pelo orgulho – novo negócio – sem tempo ou energia – sente-se desvalorizado – consegue aquilo que quer – repete.

Agora, compare a energia dessas palavras com a energia das palavras abaixo. O que parece melhor para você?

O patrão não valoriza você – nervoso – você quer – neutralizar – observar – imaginar – planejar – conhecimento – aceitar a responsabilidade – energia neutra em vez de julgamento – valorização – gratidão – aprender a orientar os outros em vez de mandar – confiança – ideias novas – rejuvenescer – desejo – sincronicidade – você é orientado – serviço à humanidade – honesto – confiável – justo – as pessoas amam você – seu negócio prospera – mudou seu padrão de agressor.

O padrão curativo do agressor – possuir um negócio

Você é um carpinteiro habilidoso e trabalhador e sente que **seu patrão atual não valoriza** o que **você** sabe ou o que você faz. Fica irritado ao ouvir as bobagens que ele diz. Ele deixa você **nervoso** e você se recusa a concordar com o ponto de vista dele. **Você quer** abrir seu próprio negócio.

Você **neutraliza** todas as suas emoções relacionadas ao trabalho. **Observará** sua raiva para **compreender** o que sente secretamente, o que sente que não consegue controlar. Em seguida, começa a **planejar** antes de entregar sua carta de demissão em seu emprego. Você está decidido quanto ao seu futuro negócio. Caso precise adquirir **conhecimento** sobre o funcionamento de seu novo negócio, aprenderá ou buscará a ajuda de alguém com experiência na profissão. Você **aceita a responsabilidade** de criar seu próprio negócio. Conversa com sua família sobre como essa mudança pode alterar a vida familiar, sobre sua vocação para abrir seu próprio negócio, mas também sobre seu desejo de passar um tempo de qualidade com eles.

Já que os membros da família tentam ajudá-lo, você se manterá em uma **energia neutra em vez de julgar**. Aceita a ajuda deles e delega responsabilidades a cada um deles, de acordo com aquilo que acredita que eles possam fazer. Você expressa **consideração** e **gratidão** a todos que o ajudam. Contém sua necessidade de dizer a cada um deles como fazer as coisas. Você **aprende a orientar os outros em vez de mandar e controlar**. Aprende a **confiar**. Você está aberto a **novas ideias**, amigos e ligações. Embora trabalhe muitas horas e esteja cansado, você faz dos momentos familiares uma prioridade. Isso o **rejuvenesce**.

Em vez de entrar em sua casca de tartaruga metafórica, você está **disposto** a ouvir as ideias de outras pessoas e a implementá-las com as suas. Você observa **sincronicidades** e as reconhece. Percebe que **é orientado** em seu caminho para começar um novo negócio e tem confiança para seguir esse caminho. Você entrega a carta de demissão em seu emprego porque sabe que pode fazê-lo. Afinal, você quer ajudar as pessoas a viverem em casas bonitas (a **servir a humanidade**), e sabe como é difícil encontrar empreiteiros **honestos, confiáveis** e **justos**. Você possui todas essas qualidades.

Você abre seu **novo negócio**. Recebe os três primeiros projetos e precisa de ajuda. Contrata ajuda temporária, alguém que um amigo recomendou. Seu novo ajudante tem a mesma ética profissional que a sua. Você reconhece isso e expressa sua gratidão. Não trabalha mais da maneira que considera correta sem considerar os pedidos de seus consumidores. Gentilmente os orienta para fazer as escolhas corretas em relação aos projetos.

Você permanece no estado de calma. **As pessoas adoram você**. Elas o recomendam para os amigos. S**eu negócio prospera**, sua família está feliz e você está feliz. Está preparado para contratar mais pessoas e expandir seu negócio. **Alterou seu padrão de agressor**.

Você sabe como ser bem-sucedido, agora chegou o momento de fazer as coisas da forma correta. Abrace sua integridade e torne-se um portador vivo e consciente com a frequência de qualquer elevação suprema com a qual você se sente fortemente conectado. Torne seu local de trabalho, ou sua casa, em um templo de luz e vigie-se para se manter humilde. Trate as pessoas da forma como gostaria de ser tratado e você viverá sua missão de vida para tornar esse mundo em um lugar melhor.

Em resumo, o programa do agressor floresce em sentimentos de orgulho e amor-próprio nocivo. No entanto, essas energias também ativam seu poder destrutivo. Você passa longos períodos sentindo-se incomodado, trabalhando muito duro para manter seu estilo de vida materialista que você define como parte de sua felicidade. Você é teimoso e não quer ceder. Em geral, isso se manifesta como doença, divórcio ou algum acontecimento trágico que servirá como um estímulo para despertar.

A forma de sair do programa do agressor consiste em neutralizar suas emoções em relação ao passado e ao futuro. Em seguida, você passa a enfrentar seus medos ocultos, tira sua casca protetora e começa a aprender a confiar nas pessoas e na energia. Aprenda a se amar do jeito que você é. Defina o que segurança e se sentir seguro significam para você e trabalhe de forma consciente na transformação de sua raiva interior em energia de fogo criativo.

Capítulo 6

Ferramentas para a Transformação do Ego

Em primeiro lugar, tenha em mente que seu ego é seu melhor amigo, seu animal de estimação, seu ajudante. Você ensina ao seu ego novas habilidades e como se sentir seguro. Sentir-se seguro é o tipo de energia mais importante que os programas de vítima e de agressor necessitam para dominar a superação de medos distintos. Essa é a razão principal pela qual nós (os Pleiadianos) aceitamos o ego antes de outros pontos. Dedicaremos bastante tempo ao assunto antes de entrar na história das feridas de sua alma. Embora tenhamos plena consciência de que você preferiria a história de sua alma em primeiro lugar, esse assunto deve ser estudado antes de seguirmos adiante.

A transformação do seu ego não envolve a expulsão deste para sempre, muito menos livrar-se dele completamente. Essa transformação envolve aprender a trabalhar com seu ego. Você terá de aceitá-lo como seu ajudante. Ele representa um terço de você. Ego + Alma = Você.

O ego tem medo de deixar você subir para o chacra da garganta, que é a frequência de Fibonacci número 3. Isso porque ele acredita que morrerá se permitir que isso aconteça, já que o ego realmente acredita que seu corpo morrerá com ele. O ego tem consciência de que você começará a lidar com as situações de forma muito diferente, e se tornará bastante positivo. Você superará seus medos, embora, de acordo com o programa do ego, possa morrer facilmente ao fazer isso (porém, isso é falso). Para o ego, o medo é uma coisa boa porque ele manteve a humanidade viva durante milhares de anos. O processo de transformação é um programa comprovado e relativamente seguro. Você consegue ver a luta do ego? Ele é uma figura minúscula projetando uma sombra enorme na parede e com medo de que você descubra seu truque. Compreenda que seu ego tenta convencê-lo a não realizar essa transformação.

O ego rege os três primeiros chacras. Os chacras base, sacral e plexo solar são os dominantes na energia física (ego). O chacra sacral domina a energia espiritual (alma), mas a energia do ego a controla. O primeiro chacra (necessário para sua sobrevivência) e o terceiro (seu eu maduro) suprimem seu segundo chacra, o que bloqueia sua criatividade. Se ela não for bloqueada, então será altamente controlada, já que a energia do ego tenta proteger sua sobrevivência.

Por isso, respire profundamente e assegure ao seu ego que você não morrerá, e que ambos estão seguros. Permita que ele saiba que você não o está desativando. Você está aprendendo a trabalhar com seu ego em igualdade. Precisa de seu ego humano para realizar tarefas humanas como, por exemplo, escrever um livro, cozinhar ou praticar jardinagem. Você quer que o ego permita que sua alma o oriente de forma consciente e possibilite que sua energia criativa seja ativada. Veja, você pode fazer seu "carro de três rodas" (sua alma, seu ego e você) seguir adiante.

Construindo um refúgio seguro para seu ego – ferramenta

A sobrevivência é a tarefa do primeiro chacra. Encontre um local de que você gosta e onde se sinta seguro. Pode ser seu quintal, um cômodo em particular em sua casa, um *closet*, ou qualquer outro local físico de que você gosta. Não imagine um local; deve ser um local físico.

De agora em diante, esse local será seu refúgio seguro, mesmo que seja por apenas um ou dois minutos por dia. Mais uma vez, você precisa encontrar um local físico porque trabalhará com seu primeiro chacra, que é movido pela energia física (ego). Você deve enviar uma mensagem ao seu corpo físico de que você está seguro.

Tranquilize sua mente. Com os olhos fechados, você se manterá, fisicamente, no presente. Pense, "eu estou seguro". Respire profunda e tranquilamente várias vezes e pense, conscientemente, "Eu estou seguro. Posso cuidar de mim mesmo. Posso me proteger". Etc.

Você pode entoar esta frase, "eu estou seguro", com as notas musicais "E"(mi) – "C"(dó) – "D"(ré), Eu (E) – estou (C) – seguro (D).

Não permita que seu ego ou seus pensamentos falem com você nesse momento. Durante esse exercício, você está totalmente seguro, não tem nenhum problema. Nenhuma questão, nenhuma conta para pagar, nada mais para fazer. Durante esse momento você está totalmente seguro. Sinta, sinta e sinta isso em seu corpo atual. Não apenas pense, sinta. Como é se sentir seguro, sem nenhuma questão e sem problemas? Essa afirmação é 100% nesse momento, durante os poucos segundos ou minutos em que você está sentado ali. Respire esse sentimento para dentro de seu corpo, para seu primeiro chacra e ensine seu corpo como é se sentir totalmente seguro.

No início, você pode realizar esse exercício por apenas alguns segundos. Com o passar do tempo, será capaz de trabalhar por alguns minutos. Trata-se de um desafio, mas será gratificante e curativo ensinar seu corpo a se sentir seguro sem a necessidade de estar no controle. Repita o exercício algumas vezes na semana, até ser fácil manter a frequência do "eu estou seguro" dentro de seu corpo. Quando ela se tornar uma segunda natureza, um novo programa foi estabelecido.

Enquanto você se habitua a se sentir seguro, observe sua vida. O que o faz se sentir seguro e o que não faz? Você precisa se desligar de coisas, pessoas ou comportamentos que ameaçam sua vida? Necessita criar um ambiente novo e seguro? Peça ajuda ao seu ego e à sua alma durante essa transformação de vida. Viva um dia após o outro. Confie totalmente em você e no divino. Você é sempre orientado e amado. Aprender a se sentir seguro permitirá que seu sistema nervoso relaxe e esteja mais na energia neutra.

A energia neutra

A tarefa do segundo chacra gira em torno da energia emocional. Ele reflete em seu quarto e sexto chacras, pois eles são chacras de energias espirituais (alma).

A energia neutra é a primeira energia de vibração suprema que você deve atingir conscientemente. Em geral, as pessoas com o programa da vítima ou do agressor pulam esse passo quando atingem uma energia suprema. Como elas pularam esse passo neutro, acabarão por rejeitar energias supremas como a vontade, a aceitação, o amor, a alegria e a paz quando algo de errado acontecer em suas vidas.

A energia neutra é um nível de segurança em que não precisamos nos preocupar com emoções momentâneas, com acontecimentos do passado ou com o que acontecerá no futuro. Ela é um estabilizador poderoso em um oceano de emoções aterrorizantes. Permanecer neutro é como caminhar em um campo minado que você criou. Você sabe qual é o caminho correto e sabe que está seguro. Você deve confiar totalmente em seu GPS interior. As bombas explodem à esquerda e à direita, mas você sabe que ficará bem se seguir o caminho estabelecido. Você não tem medo, não está animado, está apenas caminhando do ponto A para o ponto B. Quando se encontrar em alguma situação de vida difícil emocionalmente, estabilize-se na energia neutra e saberá qual será o próximo passo sem a influência do ego.

Mantendo-se neutro – ferramenta

Se não consegue tranquilizar sua mente e permanecer neutro, você pode tentar este exercício mental: foque em algum objeto, por exemplo, uma caneta. Olhe fixamente para ela por, pelo menos, um minuto. Foque todos os seus pensamentos apenas nessa caneta, e não em outras coisas como, por exemplo, o que aconteceu esta manhã ou o que você fará esta noite. Trata-se apenas de uma caneta. Você está olhando para ela e nada mais. Após terminar, reconheça conscientemente que você conseguiu manter o foco e não pensou em nada além da caneta. Muito em breve, você será capaz de repetir esse exercício em sequências mais longas, sem a necessidade de um objeto tangível, apenas com sua mente.

Você pode ir para fora, manter seu pensamento em uma árvore e repetir o exercício, ou contemplar o mar. Você também pode tentar entoar o som "om", focando apenas no som, com alguns momentos silenciosos entre as respirações. Por fim, você será capaz de executar esse exercício durante dez minutos por dia, com grande foco. Logo, compreenderá que é capaz de tranquilizar sua mente com facilidade.

Libertação rápida do medo e da ansiedade – ferramenta

A tarefa de seu terceiro chacra é orientá-lo ao longo da vida e proporcionar a confiança de que você necessita. Quando tiver dificuldade para tomar uma decisão, ou sentir medo ou ansiedade, coloque a mão esquerda por trás da cabeça e mantenha-a ali. Coloque os dedos indicador e polegar da mão direita acima do centro de cada sobrancelha e massageie suavemente. Imagine sua energia de trás da cabeça conectando-se com seu lóbulo frontal. Pense sobre o medo/ansiedade específico que você sentiu; pense sobre isso da forma mais clara que puder enquanto massageia, gentilmente, os pontos acima de suas sobrancelhas. Isso irrigará sangue no lóbulo frontal de seu cérebro. Quando seu cérebro tiver oxigênio, você se sentirá mais calmo. Isso também trará uma sensação de clareza sobre sua situação.

Libertação rápida de sentimentos de vergonha, culpa e humilhação – ferramenta

Quando você tiver sentimentos atormentadores como vergonha, culpa ou humilhação, pressione suavemente a ponta do nariz e segure por volta de dois minutos, ou até os sentimentos desaparecerem.

A ponta do nariz é um ponto de ligação entre o meridiano central e o meridiano governante, que controlam o sistema nervoso em seu corpo físico. Eles se alimentam em um movimento circular. O meridiano central é mais sensível à sua energia emocional (torna-se extremamente sensível quando você desperta). O meridiano governante é mais sensível à sua energia física. A ponta do seu nariz é a entrada para o caminho desses dois meridianos que governam o sistema nervoso. Como você já sabe, as emoções afetam muito o sistema nervoso. É ele que envia sinais adequados aos órgãos, manifestando, por fim, bloqueios, doenças, etc.

Enquanto pressiona suavemente a ponta do nariz, você separa a linha de energia para que esses dois meridianos não possam se comunicar claramente. Eles interrompem a circulação de sentimentos; por exemplo, caso você esteja envergonhado no momento. Pense sobre isso, quando você se sente envergonhado, você sente com todo o seu corpo. Isso acontece porque seu sistema nervoso espalha essa informação pelo seu corpo utilizando o caminho desses dois meridianos.

Raiva

"A raiva é como o fogo. Ela apenas precisa ser compreendida".

Perder o controle sobre alguma coisa que é importante para você pode suscitar sentimentos como raiva, frustração e ansiedade. A necessidade de controlar algo, ou tudo, é uma forma de medo oculto. Como você já sabe, o medo é um dos programas originais do corpo humano que assegura a sobrevivência. Portanto, o controle nasce do medo. Ele trabalha de forma simples. Em vez de temer alguma coisa, você aprende a controlar essa coisa. Por exemplo, quando você é ameaçado porque vai perder seu emprego, sua posição social, seu *status*, sua casa, sua saúde ou alguma coisa que ama, fica com raiva. Seu ego humano o convence de que você está certo em querer estar no comando e conseguir aquilo que quer. De certa forma, sua raiva é justificada. Para o ego é mais fácil mantê-lo com raiva em vez de aceitar o medo do fracasso, que conduz a sentimentos profundos de vergonha e culpa, que podem facilmente levar ao suicídio. Esse é um estado em que o ego gosta de mantê-lo porque você se torna facilmente controlável. Seu ego fará qualquer coisa para protegê-lo e para que você não morra prematuramente, até que a viagem que lhe foi designada nessa vida esteja completa.

A anatomia da raiva

Quando sua raiva cresce além do controle, seu corpo está preparado para proteger sua vida. Ele libertará adrenalina, criando um fluxo de energia em seu corpo. Isso se chama sua reação de "lutar ou fugir". O que pode ser bom ou ruim para você, porque você não pensa com o cérebro lógico no momento. Seu cérebro espiritual está na escuridão total e você age baseado simplesmente em seu programa de sobrevivência, superexcitado pela adrenalina.

Possivelmente, a raiva pode salvar sua vida em situações perigosas; no entanto, ela não fará nada pelo seu crescimento espiritual.

No corpo físico, a raiva domina seus três primeiros chacras. A energia da raiva prolifera com emoções negativas como luxúria, ganância, inveja, desejo, orgulho, vergonha, culpa, insegurança e baixa autoestima.

Chacras afetados pela raiva:

Primeiro chacra – sobrevivência – energia física (ego)

Segundo chacra – emoções da infância, criatividade e sexualidade – energia espiritual (alma)

Terceiro chacra – autoconhecimento – o eu adulto – energia física (ego)

Dois desses chacras utilizam a energia física (ego), e um utiliza a energia espiritual (alma). O segundo chacra é sua criatividade. Sob estresse, seu corpo cria adrenalina para lhe proporcionar uma ferramenta física para escapar, fisicamente, do que possa parecer uma ameaça ao seu corpo (algo que ameace sua sobrevivência ou seu eu adulto). O corpo não discrimina entre alguém que o ameaça física ou emocionalmente. Seu corpo é extremamente inteligente e, no entanto, extremamente burro ao mesmo tempo. Ele não reconhece nenhuma diferença. Responde aos seus pensamentos emocionais originais ($2^{\underline{o}}$, $4^{\underline{o}}$ e $6^{\underline{o}}$ chacras) e age de acordo para protegê-lo. Sua criatividade natural, um fogo criativo que reside em seu segundo chacra, pode ser esmagado por esses chacras físicos (ego); porém, você precisa que os três trabalhem em conjunto para criar o catalisador para a transformação.

Talvez essa transformação possa ser comparada à antiga lenda da fênix do antigo Egito. Você precisa criar um refúgio seguro, engenhoso e abundante para seu ser físico e então, metaforicamente, deve incendiá-lo, desprendendo-se emocionalmente de suas posses materiais para dar à luz seu eu criativo.

Imagine se você pudesse, conscientemente, controlar essa quantidade incrível de energia. Nós a chamaremos de sua energia do fogo. O fogo pode ser seu pior inimigo, já que ele tem o poder de causar danos consideráveis ao ativar seu poder destrutivo; ou pode ser seu melhor amigo e ativar seu poder criativo. Ele pode ser delicado, caloroso e útil. Pode ser seu pequeno pássaro de fogo.

Dominando o fogo – ferramenta

O ciclo de ativação estelar de 2012 abriu sua espiritualidade para o trabalho relacionado à energia consciente. O trabalho consciente é utilizado no lugar da hipnose, e é o trabalho energético mais profundo no momento.

Quando sentir raiva, tente aceitar a situação de forma consciente: "Eu estou com raiva porque não consigo controlar isso ou aquilo (nesse momento, mencione a situação específica)".

Esse é um ponto-chave em seu processo de cura. Em seguida, você deve se tornar um realizador ativo, o que significa que não deve apenas processar isso mentalmente mudando sua perspectiva; mas também precisa processar fisicamente, por meio de seu corpo, realizando qualquer atividade. Às vezes, é difícil se tranquilizar e enfrentar o dia. Seu corpo pode ter níveis elevados de adrenalina e você pode precisar, fisicamente, liberá-la para que se sinta melhor e possa processar tudo mentalmente.

Conscientemente, aceite que você não pode controlar tudo. Escolha uma ou todas as ferramentas físicas que sugerimos a seguir.

Caso você sinta que vai explodir com uma sobrecarga de raiva que o fará dizer ou fazer alguma coisa de que mais tarde se arrependerá, realize algo físico, como:

- Limpe sua casa.
- Corte a grama.
- Pratique corrida.
- Frequente uma academia.
- Faça uma caminhada.
- Tranque-se no quarto (não há necessidade de plateia) e esmurre o travesseiro o tempo que for preciso.
- Vá para um local onde ninguém possa ouvi-lo e xingue o quanto quiser.
- Caso viva em um lugar deserto, grite o mais forte que puder e solte tudo.

Independentemente do que você escolher, transforme sua raiva em uma tarefa física em vez de soltar sua raiva e frustração em alguém. Descarregue tudo, até sentir a raiva diminuir. Renda-se. Render-se não significa desistir, trata-se de um caminho para seu próprio poder sem a necessidade de luta.

Descobrindo a origem de sua raiva – ferramenta

Da próxima vez em que se sentir ansioso ou nervoso (antes de ficar furioso), dê um passo mental para trás e observe a situação em questão sem qualquer julgamento ou envolvimento emocional (quero que esse desfecho seja o caminho que desejo) e pergunte a si mesmo coisas como:

- "Por que estou com raiva"?
- "O que é que não posso controlar neste momento"?
- "De que tenho medo"?

Faça um diário e escreva suas respostas. Não pense demais; apenas escreva a primeira coisa que vier à sua mente. Não há nada de absurdo nisso. Essa conversa interior sobre por que você está com raiva serve apenas para ajudá-lo a compreender a origem do problema. Quando você compreender de forma consciente, poderá mudar sua perspectiva sobre a situação. Poderá mudar sua opinião sobre o assunto ou seu modo de entendê-lo. Quando você estiver preparado, aceite tudo.

Depois de aceitar o assunto, perdoe-se. Independentemente do motivo de sua raiva, primeiro se perdoe e, em seguida, perdoe a pessoa ou as pessoas que estão com raiva de você. Perdoe-se por falhar em alguns aspectos. Faça-o em seu coração, chore bastante. Se você tiver dificuldade com as perguntas "Eu posso perdoar? Posso me libertar disso?", então, pergunte-se: "Por quanto tempo vou me torturar por causa disso"? "Por quanto tempo vou guardar essa raiva dentro de mim"?

É mais fácil perdoar a si mesmo e aos outros do que ficar preso aqui, mais um século, guardando rancor.

Imparcialidade

Quando se acalmar um pouco, após um episódio de perturbação e ansiedade, volte para seu diário. Mais uma vez, escreva por que você ficou chateado. Desta vez, faça perguntas diferentes:

- Como posso lidar com essa situação de forma diferente?
- Como posso mudar minha perspectiva sobre o assunto?
- Como a outra pessoa se sentiu no momento (a pessoa que o provocou)? O que acontece, nesse momento, na vida dessa pessoa que posso ou não compreender?

E

- Eu preciso ter a palavra/gesto final?
- O que é justo?

"O Que é justo"? é a pergunta mais importante de todas.

A imparcialidade é um ponto neutro e deve se tornar seu GPS interno quando você estiver contrariado, precisar tomar uma decisão ou resolver uma situação difícil.

imparcialidade = energia neutra

Exemplo: você está em sua loja favorita e encontra um par de sapatos que estão com 50% de desconto. É uma oferta tão boa que você separa um par para si. Você fotografa a etiqueta com o preço na prateleira. No caixa, eles registram o preço total. Educadamente, você pede para o caixa verificar o preço. Ele registra a peça outra vez, olha para você de maneira incômoda e diz que o produto não está em liquidação. Esse é o estímulo para a vítima, pois as vítimas possuem a vergonha que desperta a raiva interior. Elas comprariam os sapatos pelo valor total e se sentiriam péssimas por dentro. Esse também é um estímulo para o agressor que gosta de falar alto e erguer o tom de voz, que pede para chamar o gerente, que quer controlar a situação e acha que ele tem toda a razão. Não importa em que categoria você se encaixa, você pode lidar com a situação de forma diferente, com dignidade e imparcialidade.

Respire profundamente antes de reagir e dê um passo mental para trás e pergunte: "O que é justo"?

Justo:

1. Havia uma placa que mostrava que o produto estava com 50% de desconto.
2. Eu fotografei a placa e mostrei ao vendedor. Se não fotografei, posso voltar e tirar fotografia.
3. Erros acontecem.

Seus passos coincidem com a imparcialidade:

1) Eu corrijo o erro sem qualquer interferência emocional da minha parte (ser contrariado, querer o produto ou ser grosseiro com o vendedor), serei neutro.

2) Eu decido o quanto realmente quero aqueles sapatos. Se ainda estiver em liquidação, quero comprar os sapatos; caso contrário, posso não querer comprá-los porque, na verdade, não preciso deles. A liquidação foi o que me levou a querer comprá-los em primeiro lugar.

3) Eu lido com a situação sem me sentir mal, com vergonha ou com raiva. A linha por trás de mim é apenas uma linha. Estou fazendo um excelente trabalho, assim ninguém terá de passar por essa situação outra vez. Além disso, também estou auxiliando a loja a corrigir um erro, caso o produto esteja com o desconto errado. Ao lidar calmamente com a situação, também estou ajudando os outros.

Solução:

Sem nenhuma interferência emocional, você mostra a fotografia para o vendedor e pede para que ele verifique novamente. Educadamente, você pode mostrar ao vendedor que ele/ela está fazendo um bom trabalho e até pede desculpas por criar uma fila. Lembre-se que você já tem uma decisão em sua mente (se quer ou não esses sapatos sem o desconto). Se a resposta for "Sinto muito, cometemos um erro", você pode sorrir com calma e dizer: "Tudo bem, eu queria que eles estivessem em liquidação, mas compreendo que erros acontecem. Não vou comprar os sapatos".

Isso é imparcialidade. Você se sentirá bem e o vendedor também se sentirá bem, porque você não o atacou (com sua energia interior contrariada ou com palavras sinceras e agressivas) com o desejo de possuir aqueles sapatos.

Caso você entre no padrão da vítima, terá uma sensação de realização por ter se expressado. Caso entre no padrão do agressor, você se sentirá bem consigo mesmo por não ter gritado com o vendedor.

Observe que descobrir o que é justo significa se desconectar de seu primeiro e terceiro chacras. Você se desliga da vontade de ter aqueles sapatos e, então, seu belo carisma e sua criatividade podem resolver o problema da maneira mais pacífica possível, com o melhor desfecho para os dois lados. Metaforicamente, você cria um refúgio seguro (decidiu o que é justo), e quando o queimou (executou-o), a solução surgiu como um pequeno pássaro de fogo que agrada a todos.

Esse cenário pode ser aplicado, com variantes, a qualquer aspecto de sua vida que possa despertar sentimentos inferiores dentro de você.

Estimulando o fogo criativo – ferramenta

Para começar a utilizar sua energia do fogo criativo de uma forma positiva, você terá de se tornar um realizador ativo, em vez de um reclamão procrastinador. Estabeleça um objetivo, escreva uma lista de tarefas (para atingir esse objetivo), que você seguirá todos os dias e será responsável por concluí-la. Siga adiante. Quando se torna um realizador, você reanima a energia boa do fogo físico (o ego) em seu primeiro e terceiro chacras. Esse fogo acenderá a energia espiritual de seu segundo chacra (alma) que transformará, em seguida, o fogo em energia criativa plena de inspiração e novas ideias.

Isso o ajudará a avançar em sua transformação espiritual e física. Você pode seguir esses três passos simples para utilizar seu fogo criativo em qualquer coisa que fizer. Crie a partir de seu coração, e não do medo.

1. Tranquilize seu medo, levando sentimentos de segurança para seu instinto de sobrevivência e para seu eu adulto.

2. Permaneça emocionalmente neutro em relação a todas as situações e decisões.

3. Siga seu GPS interior e tome decisões com base naquilo que é justo.

Quando o novo programa finalmente registra

As ferramentas necessárias para a transformação do ego serão reinventadas (caso sejam utilizadas regularmente) como programas novos e produtivos que substituirão seus equivalentes negativos no corpo.

Quando você sabe a teoria e os exercícios (e aplica-os conscientemente em sua transformação), desperta um dia e sente aquele momento "AHA!", em que você realmente "compreende". Tudo também parecerá muito fácil. O que você leu/aprendeu/praticou, finalmente ficará registrado em seu corpo físico. É como aquele momento em que você percebe que sabe a tabuada sem pensar nela. Ela está profundamente programada em sua mente e há uma memória dela em seu corpo! É nesse momento que o novo programa finalmente registra com seu corpo humano. É uma sensação ótima, como uma suave corrente elétrica percorrendo seu corpo e você sabe que "compreendeu". Sabe que pode fazer isso.

Quando você aprende ou conquista novos conhecimentos, a energia vem e vai em movimentos horizontais. Para realmente criar memórias energéticas de um novo conhecimento (registar o novo programa), você tem de senti-lo; dessa forma, a energia surgirá em movimentos verticais. Quando as energias horizontais e verticais se encontrarem, de preferência no seu chacra do coração, os sinos metaforicamente tocarão e você viverá o momento "AHA!".

Conhecimento + sentimento = manifestação

Sua alma veio das estrelas, mas você encarna um corpo físico. Você pode ajudar a programar esse corpo. Está aprendendo a conectar a energia de sua estrela (extraterrestre) com seu corpo humano. A repetição de um novo hábito (programa), manter-se positivo, e assumir o novo "programa" são as chaves para fazer um bom "*download*" da alma em seu atual recipiente humano. Requer paciência e tempo, mas pode ser feito.

Região pobre, região rica e região boa – a parábola das três regiões distintas

Era uma vez três nações: a região pobre, a região rica e a região boa. Onde uma região terminava, começava a outra.

Cada país vivia separadamente. Quase nunca alguém se aventurava para além de suas fronteiras. Histórias misteriosas eram contadas por aqueles que saíam e voltavam. A região pobre e a região rica prosperavam com base em regras predefinidas e baseadas em crenças profundamente arraigadas. As regras existiam para proteger a sobrevivência daquele povo, por isso não podiam ser alteradas, nem mesmo questionadas. As estações iam e vinham, os bebês nasciam e as pessoas morriam, todos aprenderam a viver contentes naquele lugar. Todos, inclusive na região pobre, acreditavam que sua região era a melhor para se viver.

Um dia, um viajante que vinha de uma região muito distante entrou na região pobre. Todos pararam aquilo que faziam para observar o estrangeiro. Ele não se encaixava, havia algo de estranho nele. Ele compreenderia as regras daquele povo?

Ser pobre era bom. Você tem de trabalhar duro para ter aquilo de que necessita. Sonhos de uma vida melhor são perigosos, porque os sonhos não se realizam.

As pessoas caminhavam pelas ruas em roupas sujas e esfarrapadas e, no entanto, pareciam contentes. Elas tinham orgulho de ser quem eram. "Deus nos fez assim", elas diziam. "Nós plantamos a nossa comida e comemos pouco. Não temos máquinas grandes para nos ajudar, como na região rica e, de qualquer forma, não as queremos. Cantamos, dançamos e falamos de forma simples, e gostamos disso. Não precisamos de livros sofisticados e educação para sermos melhores. Somos um povo que trabalha duro. O mundo acabaria sem a nossa existência. Somos boas pessoas. Ser rico não é correto! Odiamos a região rica e todo o seu povo! Eles não trabalham duro como nós! Tudo é fácil para eles! Eles podem ficar com suas máquinas de lavar roupas e sua comida sofisticada."

Do nada, uma criança gritou: "Não é justo que Deus tenha dado isso para eles e não para nós"! Imediatamente, ela foi repreendida pelos anciãos. "Nós podemos ser simples, mas temos orgulho de ser quem somos! Junte-se a nós, caro viajante, fique e viva conosco."

O viajante pensou que deveria haver mais coisas neste mundo. Ele agradeceu aos bons trabalhadores da região pobre pela sua receptividade e disse: "Eu tive um sonho". E antes que pudesse terminar de falar, as pessoas começaram a gritar freneticamente: "Sonhador! Tenham cuidado com o sonhador"! Em uma fração de segundo, a hospitalidade do povo da região pobre se transformou em hostilidade. Uma mãe disse para sua filha pequena apanhar uma vara em brasa e queimar o forasteiro que se atrevia a sonhar com algo melhor. Espantado, o viajante observou a pequena menina inocente cuja mãe educou para odiar quem quisesse algo mais da vida. Infelizmente, ele compreendeu, o medo protegia a sobrevivência daquelas pessoas, e os sonhos eram uma ameaça. O viajante correu até chegar a uma ponte que levava para a região rica.

Conforme entrava na região rica, o viajante viu que a vida ali era espetacular. As pessoas usavam roupas bonitas, tinham casas luxuosas e comiam uma grande variedade de coisas deliciosas. O viajante pensou, essa é uma boa vida que posso ter. De imediato, ofereceram a ele um ótimo trabalho com um excelente salário, mas sob uma condição. Ele nunca se comunicaria com a região pobre. A região pobre era um veneno, uma ameaça para o povo da região rica. As pessoas da região rica trabalhavam duro e eram ricas. As ambições eram encorajadas. A escola oferecia a melhor educação que se podia imaginar.

E assim, parecia que eles tinham tudo. A vida era boa na região rica. Um dia, o viajante notou algo estranho. A abundância transbordava ali, mas o medo mandava na região. Havia o medo de ficar pobre. Havia o medo do povo da região pobre. O medo de que alguém chegasse, a qualquer momento, e roubasse suas posses, como faziam ocasionalmente. O medo de perder a vida que eles estimavam. Até o medo de que alguém pudesse ter mais que eles.

O viajante pensou: "Esse não pode ser o final da minha viagem, deve haver algo mais. Essas duas províncias vivem em extremos. Uma extremamente pobre, a outra profusamente rica, no entanto, ambas mergulhadas em medo e raiva constantes. Elas não poderiam se ajudar? Elas não poderiam se amar"?

Educadamente, ele recusou a oferta de ficar na região rica. E, como na região pobre, a hospitalidade tornou-se hostilidade e o viajante teve de correr para preservar sua vida.

Perdido na estrada, ele soube que o povo da região rica não viajava porque tinha medo de ladrões e infortúnios repentinos. Apenas poucos, muito poucos, se permitiam sonhar com algo mais do que apenas a região pobre e a região rica. O viajante pensou: "Será que há alguma região onde se pode viver sem medo e sem controle? Você pode ser abundante? Você pode ser feliz? Você descobriria o sentido da vida?" Conforme ele tinha sonho, viu uma luz trêmula bem longe. Era uma ponte com um sinal iluminado que dizia: "Bem-vindo à região boa".

Ele ponderou, que tipo de região seria essa, conforme atravessava a ponte e avistou outro sinal: "Liberte e deixe Deus agir". Ele se deparou com uma bela paisagem, com casas inteligentes e ecoeficientes. Viu pessoas cantando e se divertindo em piqueniques no campo, crianças felizes correndo e gritando.

O viajante perguntou, com curiosidade: "Por que todos aqui são tão tranquilos? Por que não há ninguém vigiando a ponte? Por que ninguém tem medo de invasores vindos da região pobre e da região rica"?

"Todos são bem-vindos aqui", respondeu uma bela mulher ao seu lado. "Mas nem todos querem ficar". Ela sorriu ao ver a expressão confusa do viajante. "Nós temos negócios bem-sucedidos, um sistema de saúde avançado e podemos comprar o que quisermos. Podemos viajar pelo mundo. Temos tudo de que necessitamos. No entanto, isso não nos define. Aprendemos que qualquer um pode ser abundante, porém, há uma diferença. Nossa abundância flui do amor, que é eterno. Veja, o amor é a fonte que criou esta região.

Na região boa, somos empregados de Deus. Todas as manhãs, tranquilizamos nossa mente e perguntamos: como posso ajudar a humanidade? Cada um de nós recebe uma missão de forma intuitiva. Todos somos recompensados.

Colocamos os outros antes de nós mesmos. Servimos a humanidade todos os dias. Vivemos com alegria e paz em nossos corações. Como em todos os outros lugares, temos dias bons e dias ruins, mas confiamos plenamente na fonte suprema que nos criou.

Nós sabemos que não precisamos ter medo de nada. Quando algo termina, surge uma oportunidade para uma coisa nova emergir. Aqueles que chegam aqui com ganância, ou com necessidade de controlar, não progridem. Cedo ou tarde, partirão com a compreensão de que esta não é uma região feliz para eles. Este lugar oferece a profunda compreensão e transformação da alma. Só quando estiverem preparados, eles encontrarão seu lugar aqui. Cada uma das pessoas que vive aqui passou por estados de pobreza, riqueza, perda de controle, libertação e encontro com Deus. Acolhemos a todos, e não prendemos ninguém. Sabemos que alguns de nossos filhos, quando crescerem, desejarão se aventurar até as outras regiões e aprender suas lições. Também sabemos que eles poderão voltar um dia. Nós os encorajamos a fazer isso.

Viajante, estendemos nossa hospitalidade a você, para que fique e viva seus sonhos. E, caso você queira partir, comemoramos sua decisão e o colocaremos na estrada com comida e dinheiro suficientes para chegar até a próxima região".

Foi assim que o viajante encontrou a região boa, e onde ele viveu feliz para sempre. E, caso ainda não tenha morrido, ele estará feliz lá.

– Fim –

A moral desta história é que o orgulho e o medo são produtos do ego, da necessidade de controlar. O amor transforma, cura e alimenta os sonhos, para que eles possam se realizar.

Capítulo 7

As Três Feridas Originais da Alma

A Atlântida foi o primeiro lugar onde as encarnações humanas foram possíveis. Isso porque os extraterrestres utilizaram DNA animal para modificar geneticamente seus corpos para poderem sobreviver na atmosfera terrestre por um período prolongado. A região da Atlântida oferecia a realização física e espiritual para aqueles que a aceitavam. Era o paraíso! Agora, quando você compreender como esse DNA animal (o ego) o afeta e o controla, você poderá avançar para as memórias de sua alma.

Sua alma é o escritor do seu "Livro da Vida". Ela é seu manual para o jogo. Suas páginas estão repletas de aventuras magníficas, histórias de amor, conhecimento e ensinamentos. Elas estão preenchidas com as histórias de suas mortes físicas não resolvidas, dores emocionais e físicas, sofrimentos e traições que fizeram sua alma sofrer. Todas essas coisas deixam feridas na alma (TEPT-A).

Há três períodos principais que causaram feridas profundas na alma:

• A destruição de Atlântida, a escolha entre o Caminho da Luz e o Caminho da Escuridão.
• As comunidades dos essênios e a morte de Jesus Cristo.
• Os julgamentos das mulheres sábias e das bruxas.

Você acreditaria que esses eventos que deixaram feridas na alma (a menos que você já as tenha curado) ainda se manifestam hoje como bloqueios difíceis em sua vida? Elas fazem com que você falsamente acredite que, uma vez que falhou em sua missão, então você ainda é um fracasso em sua vida atual. A verdade é que todos nós falhamos. "Cada um de nós."

Falhamos não porque queríamos, mas porque as circunstâncias não eram favoráveis ao nosso sucesso. Além disso, nós nos desviamos dos planos de Deus e, por vezes, utilizamos nossos planos. Mas falhamos completamente? Não. Se você ainda está aqui, procurando respostas sobre como servir à humanidade, como encontrar seu caminho de volta para casa, então você não falhou completamente! Você ainda tem uma chance de sucesso.

Também ajuda saber que, antes da destruição da Atlântida, você teve a oportunidade de nunca mais voltar. No entanto, você se juntou a uma grande missão de resgate da alma e ficou aqui. Hoje, muitos de vocês se sentem realizados e estão prontos voltar para casa. Para que isso aconteça, você terá de curar todas as feridas de sua alma que ocorreram na Terra, depois da Atlântida.

Existe uma ferramenta miraculosa para curar essas feridas. Ela é tão simples que você vai rir. Trata-se da frequência do "amor incondicional". Nossos irmãos e irmãs Pleiadianos, Jesus Cristo e Maria Madalena mostraram o poder do amor incondicional enquanto viveram na Terra.

A porta para seu passado – exercício de energia

Quando você aprende sobre a vida depois da Atlântida e descobre as feridas de sua alma, você cria uma porta invisível que vibra com a frequência do amor incondicional. Essa porta será sua passagem para aqueles tempos. Depois de ler estes capítulos finais, sempre passe por essa porta para se permitir o máximo de cura da alma.

Imagine que essa porta tem o formato de um diamante e conduz às suas vidas passadas. Inspire profundamente e expire. Em sua mente, você sabe que essa porta é feita com a frequência do amor incondicional.

Estale os dedos de sua mão dominante em todos os lados da porta para limpar a energia antes de transpor o limiar. Isso eliminará quaisquer energias inferiores.

Estale os dedos (acima da cabeça, abaixo da barriga, à sua esquerda e à sua direita) e diga:

> Como acima,
> Assim será embaixo,
> Como à esquerda,
> Assim será à direita.

Faça de conta que está ultrapassando o limiar da porta sabendo e sentindo que você, conscientemente, entra na frequência do amor incondicional!

Aceite a frequência do amor incondicional. Sinta-a! Sinta-a por todo o seu corpo e prossiga a viagem.

Para aqueles que têm dificuldade em aceitar o sentimento do amor incondicional, pense em algo que você realmente ama. Pode ser um lugar, seu animal de estimação, seu prato favorito, uma coisa ou uma pessoa. Pense em algo que você ama e observe a sensação que isso causa em seu corpo. Guarde esse sentimento e utilize-o como a frequência do limiar da porta.

As vidas passadas são reveladas nos sonhos

Lembrar-se de seus sonhos e curar, conscientemente, suas vidas passadas trará cura para as feridas de sua alma, seu TEPT-A. Esse é o objetivo do número 5 da sequência de Fibonacci. O perdão, o amor incondicional e a luz divina iluminarão seu caminho adiante. Essa é a trindade para o catalisador curativo de que você necessita.

Os sonhos são uma parte essencial para sua alma se comunicar com você. Seu aspecto humano precisa dormir para rejuvenescer seu corpo físico, mas sua alma não necessita.

Em seu estado de sonho, sua alma o conduz em uma viagem para visitar lugares que você acha que não existem. Vidas passadas são apresentadas a você em pequenos fragmentos. Muitas vezes, as cenas mais dramáticas são revividas repetidamente. Sua alma não tem a intenção de torturá-lo; ela quer mostrar que você necessita ser curado. Quando despertar, você pode achar que teve pesadelos horríveis. De certa forma, você está correto. Você já viveu aquele pesadelo em algum momento do passado, e sua alma ainda se lembra dele, porque ela nunca esquece (caso a situação tenha deixado feridas na alma). A ferida da alma se manifesta em sua vida física como medo, que pode se apresentar, fisicamente, como ansiedade, ataques de pânico, depressão, hostilidade, apatia e assim por diante. Em seu estado de sonho, sua alma tem uma oportunidade para lembrá-lo do que aconteceu com você, quem você realmente é ou de onde veio, para que se conscientize e se cure plenamente. Seu ego não quer que você saiba disso, porque ele não está em sintonia com seu programa de sobrevivência. Algo que deixou uma ferida em sua alma é um sinal de alerta para seu ego. Ele não tem consciência de que você não precisa repetir a história, ou de que você tem o poder de alma para alterá-la.

Alguns de têm sonhos de suas vidas em planetas distantes. Vocês estão sonhando com sua casa verdadeira. Sua alma lhe mostra essa parte de sua origem para que você recupere memórias e perceba que não é apenas um ser humano normal. Você é um ser com inteligência, com luz e amor benevolentes vivendo nesse corpo físico primitivo e acreditando que essa é sua única vida.

Quando você sonha com a Atlântida, atinge o centro de sua original e primeira ferida de alma na Terra. Pode ser doloroso, assustador ou belo. É a porta interna imaginária de sua alma que se abre para você, para que possa entrar como uma personificação consciente de seu amor incondicional e se curar.

Os seus sonhos e memórias da Atlântida podem variar, dependendo do caminho que você escolheu depois da Atlântida, o

Caminho da Luz ou o Caminho da Escuridão. Não há julgamento, existe apenas cura e amor incondicional.

Não importa o caminho que você escolheu, vocês são todos filhos de Deus e foram todos criados igualmente, com amor e luz.

Há uma luz dentro de você que resplandece.
Há amor dentro de você, um amor que criou sua vida.

A vida foi criada com amor. A luz foi oferecida para proteger essa vida.
Amor e Luz são suas frequências originais e seu direito inato.

Capítulo 8

O Caminho da Luz e o Caminho da Escuridão

Parte 1
O Caminho da Luz

A destruição da Atlântida

O mestre Toth caminhava pelo solo devastado do que costumava ser sua amada Atlântida. O fogo ainda estava vivo e ardia na superfície seca da areia. A forte explosão que destruiu várias ilhas de Atlântida chegou conforme o mestre Toth previra em sua visão. Primeiro, uma tempestade geomagnética atingiu a Terra. A tecnologia que havia na Terra foi, temporariamente, desativada. A comunicação intergaláctica foi totalmente interrompida. Apenas alguns dias mais tarde, meteoritos atingiram a Terra.

Antes de as poderosas erupções solares atingirem a Terra, elas causaram uma avaria na inteligência artificial (IA) localizada na lua. A inteligência artificial servia como um escudo protetor à volta da Terra. IA, com tecnologia altamente avançada, fora utilizada durante milhares de anos para alterar o curso de quaisquer partículas invasoras que entrassem nas proximidades da lua terrestre. A inteligência artificial era autossuficiente e também se reparava sozinha, por isso, ninguém acreditava que alguma avaria pudesse acontecer. Quando os meteoritos atingiram a atmosfera da Terra, o pânico e o choque foram grandes para muitos.

Os filhos de Belial esforçavam-se para restabelecer, rapidamente, toda a tecnologia que fora perdida, causando ainda mais destruição com fortes explosões.

O mestre Toth ainda se lembrava do dia em que recebera a primeira orientação interior que o levou a explorar a região do Egito. Ele começou a preparar a fuga da Atlântida 6 mil anos antes da destruição final. Inicialmente, ele achava que suas visões não estavam corretas. Como alguém, ou alguma coisa, poderia destruir a Atlântida? Em sua visão, viu o sol brilhando com uma intensidade superior a tudo que vira, então surgiram as erupções solares que colidiram com o campo atmosférico da Terra. Parecia que uma luz saltara da superfície da Terra. E tudo parecia acontecer em câmera lenta, embora, na verdade, tenha sido em questão de segundos. A chama em si não danificou nenhum organismo vivo, embora tenha, naquele momento, desligado toda a tecnologia que havia na Atlântida. Ela fez o céu explodir em uma variedade de cores brilhantes antes que um silêncio assustador envolvesse a Atlântida e arredores.

Após um período de silêncio, aconteceu uma explosão poderosa. Ele recebeu orientação interior dizendo que todos deveriam se refugiar nas cidades do interior da Terra quando esse dia chegasse, e tinham de permanecer ali até a tempestade passar. Os Filhos da Lei do Uno começaram a se preparar para esse dia. Os filhos de Belial apenas riram. O mestre Toth tentou contar a todos a visão que tivera, em que todas as máquinas teriam, algum dia, uma avaria; mas apenas alguns acreditaram em uma possível falha da sofisticada tecnologia IA.

Ao longo de sua vida, o mestre Toth testemunhou o uso excessivo de tecnologia, semelhante ao que aconteceu com os lirianos antes de seu planeta ser destruído, há 100 mil anos. Ele testemunhou a vida extraterrestre na Terra, o abandono das Leis Universais e o esquecimento de Deus. Aqueles que se deixaram enfeitiçar pelas energias animais inferiores foram possuídos pelo ego. Ele sabia que podíamos controlar muitas coisas, apesar de a natureza e o Universo terem suas próprias mentes. Se você está em harmonia com o universo e com a natureza, caminha com Deus. Se seguir o ego, você deve lidar com as consequências. Ele balançou a cabeça, se você não pode mudar a essência de seu ser, o ciclo o seguirá. De repente, a Terra se sentiu muito pequena e congestionada pela ganância e por extraterrestres possuídos pelo ego que sofriam com os efeitos secundários do DNA animal. Naquele momento, eles lutavam por território, poder e pela Terra.

O coração de Toth ficou aflito com a perda da civilização na qual ele (e outros) ensinaram a linguagem do amor. Ele abraçou a Tábua de Esmeralda que levava debaixo do braço e indicou ao seu grupo de amigos e estudantes devotos que iniciassem a viagem em direção ao Egito.

Os verdadeiros atlanteanos (como o mestre Toth carinhosamente os chamava), ou Filhos da Lei do Uno, eram aqueles que seguiam o protocolo do Conselho da Luz. O objetivo do Conselho da Luz era manter a civilização da Atlântida como um projeto secreto na Terra. Eles não interfeririam com outros organismos em evolução e, portanto, tiveram de se transferir para o Egito. Ele se lembrou dos esplêndidos jardins da Atlântida, onde passara horas meditando para se conectar com Deus e receber a orientação sobre como ensinar, criar em conjunto e como seguir adiante. Seu coração físico estava ligado com o coração de sua alma gêmea. Suas formas físicas caminhavam lado a lado. Suas emoções estavam repletas de tristeza, embora ele fizesse seu melhor para introduzir o amor incondicional na situação. Foi o amor incondicional que lhe deu força para avançar. Isso significou um novo caminho que iria, sem dúvida, testar a espiritualidade de todos.

O início do Caminho da Escuridão

Após a criação bem-sucedida do corpo humano/extraterrestre, os Filhos de Belial propuseram a criação dos escravos humanos para cuidar do trabalho físico pesado que todos faziam. A proposta foi rejeitada pelo Conselho da Luz, que monitorava o projeto na Terra.

Já que a Terra era livre para ser explorada, vários grupos estelares começaram a migrar a partes diferentes do planeta relativamente vazio, embora estivessem a uma boa distância da Atlântida. Os Filhos de Belial ficaram decepcionados com a rejeição de seu projeto.

Eles conspiraram para trabalhar lenta e secretamente em seu próprio projeto.

Após a queda de Atlântida, havia sete comunidades principais pelo mundo que eram lideradas por extraterrestres.

Mesopotâmia, Sibéria, Egito, América do Sul, Austrália (e Nova Zelândia), Índia e os Himalaias.

Os Filhos de Belial preferiram a região da Mesopotâmia.

O Egito

Os Filhos da Lei do Uno, ou a tribo do mestre Toth, reivindicaram o Egito como sua primeira casa depois da vida na Atlântida.

A região serviria como uma estação intermediária (uma casa segura) para muitos. Caso ficassem ali por apenas alguns dias, vários anos ou várias vidas, ela seria um lar, uma base segura para a comunidade da luz.

Quando despertamos a energia da sua semente estelar, muitos que trilharam o Caminho da Luz se lembrarão de fragmentos da antiga vida no Egito. Você pode sentir uma ligação profunda com os antigos ensinamentos egípcios e buscar informação sobre as Escolas de Mistério. Caso sinta algum tipo de emoção relacionada a este assunto, provavelmente você pertence à linhagem da tribo do mestre Toth. Aceite esse sentimento e ajude seu ego humano a se sentir seguro.

Mais tarde, mestres que ascenderam (e muitos estudantes que, por fim, se tornaram verdadeiros professores) moviam-se com frequência entre o Egito, a América do Sul e os Himalaias, já que esses lugares estavam interligados por passagens interiores. Eles ajudavam, secretamente, aqueles que viviam no Caminho da Luz, na Mesopotâmia. O movimento entre essas comunidades levou ao desenvolvimento das memórias das almas que envolviam seres de vários lugares durante o mesmo período.

Dimensões dilaceradas

A explosão que causou a destruição da Atlântida foi tão forte que abriu muitas dimensões. A segunda dimensão foi mais danificada que outras. Entidades de baixa vibração que nunca viram a superfície da Terra (e anteriormente não tinham acesso aos corpos físicos) entravam na dimensão terrestre. Elas voavam como maníacos drogados, possuindo corpos físicos que as permitiriam expressar seus mais escuros desejos. Para esses seres, ter acesso ao corpo físico seria a maior realização em suas vidas escuras. Para criar algo físico, bom ou ruim, era necessário ter um corpo físico. Imagine alguém que não é espiritual acordando pela manhã e percebendo que tem poder ilimitado para criar o que quiser com sua mente. Aquela situação de segunda dimensão era muito parecida com isso, apenas com mais destruição. Um dia, esses seres despertaram e viram uma porta aberta que os conduzia para um mundo físico em 3D. Claro que eles ficaram entusiasmados!

Porém, isso foi um verdadeiro pesadelo para os primeiros extraterrestres que se estabeleceram na Terra. Aqueles que optaram pelo Caminho da Luz tinham mais capacidade para remover esses seres de corpos possuídos e levá-los de volta para a segunda dimensão. Eles foram bem-sucedidos em fechar todas as dimensões que foram abertas durante a explosão, incluindo a segunda. No entanto, por volta de 10% dos seres que entraram pela segunda dimensão conseguiram se esconder e permanecer na Terra sem serem detectados.

O Templo de Hathor

O Templo de Hathor foi construído para ajudar na cura da alma e na cura física após o incidente na segunda dimensão. Todos que entravam no Egito tinham antes de passar pelo Templo para a limpeza e para o rejuvenescimento. O Templo de Hathor era muito parecido com um hospital.

Os Hathors chegaram à Terra no início do período atlanteano, e trabalhavam em conjunto com as fadas, os duendes, os dragões e outros seres mágicos que foram orientados a viver nas cidades interiores. Os Hathors eram mestres da cura pela frequência sonora. Os sons que eles produziam naturalmente (com suas almas), quando combinados com as redes cristalinas e a energia curativa, criavam uma energia que fazia com que os seres da segunda dimensão deixassem rapidamente os corpos físicos que possuíam.

A câmara dedicada a esse trabalho era estreita e com um teto alto e arqueado. Havia um pequeno dispositivo parecido com uma cabine alta e estreita que possuía duas aberturas, feitas de pedra e cristal, no meio da sala. Esse dispositivo era utilizado como um posto de controle de segurança. Devia-se entrar na cabine, que media aproximadamente um metro de largura por quatros metros de altura. Seis Hathors, três em cada abertura do dispositivo, cantavam para sua alma e afinavam seu corpo físico para as vibrações supremas. Outros três mestres treinados ficavam um pouco mais distantes, para poder isolar a entidade de segunda dimensão quando ela era forçada a abandonar o corpo.

Quando o processo era iniciado, cada célula dentro do seu corpo vibrava como se você estivesse ligado à eletricidade. Durante pouco tempo, você ficava paralisado, embora seu corpo vibrasse a uma velocidade muito alta. Você confiaria totalmente nos Hathors. Era uma sensação agradável abandonar o controle e se render ao processo. Você os deixaria fazerem o trabalho porque você sabia que eles amavam a todos incondicionalmente, e teriam as melhores intenções em relação a você. Quando as entidades de baixa vibração se separavam do seu corpo, mestres treinados as prendiam e as enviavam de volta para suas dimensões originais.

No final do processo, você se sentia como se fosse desmaiar. Sentia-se fraco e cansado. Quando você era retirado do dispositivo, era purificado de todas as entidades negativas. Ao sair por uma porta diferente daquela que tinha entrado, você era ajudado por outros Hathors e curadores. Eles o conduziriam à sala de rejuvenescimento, que ficava em uma parte diferente do Templo. Ali, você ficaria o tempo necessário para se sentir forte novamente, já que o processo de limpeza era, em geral, muito cansativo.

Paralisia do sono em sua vida atual

Após o despertar, alguns de vocês podem sentir paralisia do sono. Você pode notar alguns seres extraterrestres em seu quarto ou sentir sua energia. Para você, essa será uma experiência horrorosa e você "pode pensar" que está sendo atacado por seres alienígenas da escuridão.

Nós compreendemos que essas situações podem ser muito assustadoras ou intimidantes para você, pois você não sabe o que pode acontecer. Talvez você sinta que não tem controle algum por causa da impossibilidade de se mexer ou de ver o que está à sua volta. Caso isso aconteça novamente, tente manter-se calmo para compreender se os extraterrestres (que podem estar próximo a você) são bons ou maus. Nem tudo é mau. Para se preparar para isso com antecedência, tente sempre manter um bom relacionamento com seus guias e sua família de alma, e tente aprender a "testar a energia" à sua volta durante situações assustadoras como essa.

Note que, quando você tiver paralisia do sono ou alguma experiência chocante temporária em seu corpo físico, sua mente permanece consciente. Você pode conceber a possibilidade de que sua família de alma esteja tentando trabalhar com você naquele momento e quer que você permaneça consciente para depois se lembrar da ajuda que recebeu? A cura da alma é mais eficaz quando você está consciente. Em sono profundo, ou por meio da hipnose, ela não é muito eficaz. Sua família de alma quer que você esteja consciente de sua energia e em controle de sua própria cura, seja uma cura de alma ou uma cura física.

Você pode achar que esses extraterrestres são estranhos, porém, você poderia ser exatamente igual a eles em seu corpo extraterrestre original. Lembre-se de que seu corpo físico terrestre foi geneticamente modificado.

Em muitos casos, a paralisia do sono é uma abordagem atual de seus guias para limpá-lo de entidades de dimensões inferiores. É algo muito semelhante ao Templo de Hathor, no Egito. Lembre-se de que ninguém faz nada contra sua própria vontade no mundo espiritual. Você deve pedir a eles, em suas meditações, que essa limpeza ocorra antes do seu aniversário. A experiência pode envolver caminhadas no meio da noite, sentir-se paralisado, ver ou sentir a presença de outros seres à sua volta. Seu corpo pode vibrar, você até pode se sentir como se estivesse levitando sobre sua cama. Como você não sabe o que está acontecendo, poderá ter medo e pensamentos aterrorizantes passarão pela sua cabeça. Esses pensamentos vêm de energias inferiores que não querem deixá-lo (seu recipiente maravilhoso). Eles querem mantê-lo em um estado de medo para que você interrompa o processo de remoção. Lembre-se que você tem livre-arbítrio, e esses seres de energia inferior tentarão manipulá-lo para que os mantenha em segurança. Se você sentir isso, não entre em pânico. Teste a energia. Pergunte mentalmente a esses seres extraterrestres se eles são a essência do amor incondicional (se eles possuem as mais altas intenções em relação a você). Pergunte três vezes e da forma mais tranquila que você puder. Se a resposta for "sim" três vezes seguidas, então você pode confiar neles e se entregar a essa experiência. Provavelmente, essa será a última vez que você terá paralisia do sono, já que todas as entidades inferiores serão removidas.

Ajuda consciente *versus* ajuda inconsciente

Nós queremos que observe a diferença entre como sua família de alma trabalha com você em oposição à forma como os seres da escuridão trabalham com você. Quando você vivencia a paralisia do sono, está consciente e, finalmente, por meio de seu livre-arbítrio, fica totalmente alerta e a paralisia é interrompida. Quando, ou se viver uma situação de rapto por extraterrestres, você não estará consciente. Você se lembrará posteriormente. Quando você bebe álcool, usa drogas recreativas ou plantas mestras e tem *blackouts*, está inconsciente. Esses "*blackouts*" abrem uma porta para todos os seres negativos que querem se apegar a você. Quando recobrar a consciência novamente, você perceberá que algo parece não estar bem.

Energias invisíveis são assustadoras porque o ego quer que você esteja constantemente no poder. Sua família de alma apoia sua consciência aberta. Seres da escuridão penetram quando você está inconsciente e sua energia está aberta.

A criação das Escolas de Mistério

Durante o tempo em que os "Filhos da Lei do Uno" se estabeleceram no Egito, os anunnaki já tinham criado um grande número de humanos que correspondiam aos seus projetos e experimentos secretos. O experimento dos anunnaki, que surgiu durante a Atlântida (e não depois), perde o controle quando eles fracassam em manter o projeto contido e em segredo. Todos os humanos tinham memórias limitadas de quem eles eram, pois sua psique fora seriamente danificada durante os experimentos genéticos. Portanto, quando a tribo do mestre Toth se mudou para o Egito (após a destruição da Atlântida), os humanos já viviam entre os extraterrestres.

Havia dois assuntos importantes que foram classificados como urgentes. O primeiro girava em torno da perda temporária de nosso transporte e comunicação intergalácticos. O segundo tema era o que fazer com todos esses escravos humanos.

O primeiro problema começou muito antes da destruição da Atlântida. As guerras extraterrestres em virtude da sede pelo poder. O planeta Maldek foi destruído por armas nucleares. Sua destruição enviou fortes ondas de choque pelo Universo. Marte foi o mais afetado, e sofreu muita destruição.

Na época, muitos experimentos perigosos aconteciam em Marte, já que Marte era o lugar perfeito para esconder experimentos do Conselho da Luz. Marte serviu como um centro de transporte intergaláctico para outros planetas distantes. A onda de choque enviada por Maldek perturbou o campo eletromagnético de Marte e sua atmosfera. A inteligência artificial sofreu avarias, e muitas armas que eram armazenadas em Marte explodiram espontaneamente, causando a destruição da atmosfera de Marte. Muitos morreram instantaneamente e, em pouco tempo, Marte se tornou inabitável.

O principal centro de transporte intergaláctico fora destruído. A vida mudou para todos nós, e ficamos, temporariamente, presos na Terra. Felizmente, nossa comunicação intergaláctica ficou intacta. Avisamos nossas famílias que estávamos bem na Terra. Pedimos a eles que construíssem um novo centro de transporte intergaláctico, porém, sabíamos que isso seria um desafio, já que dois planetas foram destruídos. Um deles foi totalmente destruído, o outro foi coberto por radiação e estava inabitável. Sabíamos que levaria um tempo considerável até a ajuda chegar. Não tínhamos a habilidade do teletransportar (por exemplo, da Terra para as Plêiades) com o poder de nossa própria vontade.

Quando a destruição da Atlântida aconteceu, nossa querida casa fora destruída, e nossas linhas de comunicação foram interrompidas. Realmente ficamos presos na Terra, não apenas com nossa energia ancorada, mas sem transporte e comunicação intergalácticos.

O segundo problema envolvia todos os humanos criados pelos anunnaki. Ficamos chocados ao saber que (de certo modo) eles eram nossos filhos e precisavam de alguém para ensiná-los (explicaremos, com mais detalhes, posteriormente).

Eles estavam (e é triste dizer que alguns ainda estão) presos a comportamentos autodestrutivos e animalescos. Não podíamos embarcá-los em naves espaciais, mesmo se as tivéssemos, e levá-los para casa, já que sabíamos que eles tentariam destruir nosso planeta natal. A comparação que vamos fazer soará severa, mas queremos que você tente compreender. Você não tiraria um tigre da selva e o levaria para viver em sua casa. Também não poderíamos elevar a consciência coletiva dos seres humanos modificados. Tentamos, e o resultado foi uma sobrecarga no sistema nervoso que fez com que as pessoas tivessem crises ou episódios psicóticos. Hoje funciona da mesma forma, por isso, sua própria energia suprema surge em intervalos, para que seu sistema nervoso consiga lidar com ela. Energia excessiva causaria uma sobrecarga.

A única forma que tínhamos para salvar os humanos era conceder-lhes acesso ao conhecimento. Eles poderiam saber quem eram, qual foi seu passado e para onde podiam ir. As Escolas de Mistério ofereceram isso. Todo o nosso conhecimento foi cuidadosamente dividido em níveis, ou classes. Quando você passasse por todos os ensinamentos e testes de um nível, poderia passar para o próximo nível. Caso não conseguisse passar em um teste, você teria de repeti-lo, mesmo se isso levasse uma vida inteira. Hoje, o currículo das Escolas de Mistério está entrelaçado em sua vida diária (caso você tenha se candidatado a ele, ainda em forma de alma, antes do seu nascimento). Há lições a serem aprendidas, e testes em que você tem de ser aprovado. Sabemos que você pode fazê-lo.

Compartilhar o conhecimento com os humanos também teve a intenção de reduzir as guerras. Quando saímos do nível do medo e entramos no amor incondicional, não nos envolvemos em guerras, discussões, ganâncias, etc.

A última parte importante sobre o Egito que você deve saber é que o nosso objetivo era deixar para trás o máximo possível de informação sobre o conhecimento antigo. Após entrar em contato com nossas famílias extraterrestres em nossos planetas natais, muitos de nós fizemos uma escolha consciente de permanecer na Terra por milhares e milhares de anos. Possuímos a habilidade de ver o futuro, embora saibamos que se trata apenas de um futuro potencial, já que o futuro pode ser alterado. Contudo, previmos várias possibilidades para a humanidade. Com base nisso, adaptamos nossos ensinamentos e construímos estruturas megalíticas que resistiriam ao teste do tempo e trabalhariam para estimular as memórias de sua alma com o intuito de lembrar quem você é. Quando os anunnaki, deliberadamente, alteraram e confundiram todos os idiomas, deixamos imagens, já que os olhos são a porta para a alma. Se você entender o que vê com sua alma (seu coração), em vez da mente, compreenderá o significado, porque você já o aprendeu nas Escolas de Mistério.

Espíritos de animais

Intencionalmente, adotamos a forma de meio-humano e meio-animal para recordá-lo de seu DNA (extraterrestre e animal). Nos desenhos egípcios, você nos verá com a cabeça de um animal e o corpo de um humano. Gostaríamos que você reservasse alguns minutos para descobrir a qual deus, deusa ou divindade você se sente mais atraído (Sekem, Toth, Hórus, Rá, Seth, Ísis, Hathor, Anúbis e assim por diante). Escute seu GPS interior, não ouça seus desejos, simplesmente ouça sua alma.

Quando souber a resposta de sua alma, você saberá a tribo do seu DNA animal. Caso se sinta atraído a mais de um, utilize ambos. É assim que você interpreta seu DNA animal para poder trabalhar com ele – por exemplo: Sekem utilizava DNA felino para ter um corpo físico que funcionasse no ambiente terrestre, por isso ela era dotada de aspectos positivos (como a visão noturna, velocidade, força, poder, proteção de seus jovens), e de aspectos negativos (ferocidade animal). Toth utilizava o DNA de pássaros (excelente sistema de navegação físico, visão binocular, voo, previsão de desastres naturais), e aspectos negativos (ferocidade animal).

Não pare no Egito, analise a história da Terra e descubra a quem você se sente atraído (quem, na história, é representado com partes do corpo de um animal). Pegue o aspecto desse animal e transforme-o em seu totem animal. Imagine que você possui a capacidade animal, porque você a possui, ela só está reprimida. Saiba tudo sobre os aspectos positivos desse animal e aprenda a controlar os aspectos negativos dele. Demonstramos esses dons a você em nossas aparições. Não escolhemos ter um aspecto estranho ou engraçado, queremos lhe mostrar esses aspectos para que você aceite quem você realmente é. Antes de aceitar suas habilidades extraterrestres, primeiro você precisa compreender todas as suas habilidades terrestres.

Hoje, todos vocês são seres humanos. Alguns foram criados na Terra, pelos anunnaki, e dominaram a Escola de Mistério; no entanto, vocês decidiram permanecer aqui conosco para ajudar a humanidade nos tempos desafiadores que virão. Gostamos de chamá-los de sementes estelares. Você está em consonância com a humanidade e carrega o peso dela em seus ombros. Você tem a sensação de que seus antepassados vieram das estrelas, mas você não tem certeza disso. É seu direito inato saber que seus pais eram extraterrestres, portanto, você também é extraterrestre. Possui as habilidades deles. Você as conquistou.

Alguns de vocês são como nós, Pleiadianos, Sirianos, Andromedanos, Orionianos e assim por diante. Gostamos de chamá-los de sementes estelares. Você sabe quem você é; neste momento, seu coração está acelerado por reconhecer que, de fato, é um ser extraterrestre que pode se lembrar de vidas em outros planetas antes de sua vida aqui, na Terra. Você é um mestre ascensionado vivendo em um corpo humano. Agora, respire profundamente e lembre-se que uma coisa não é melhor que a outra. Semente terrestre, ou semente estelar, são apenas nomes e palavras. Somos todos iguais e não importa de onde você vem. Suas ações são o que importa, não as palavras pelas quais vocês se denominam. Se sua alma cantar a canção do amor incondicional, somos todos irmãos e irmãs da mesma família.

Parte 2
O Caminho da Escuridão

A Mesopotâmia se tornou a casa dos Filhos de Belial. Já que grande parte da Terra era inabitada e livre para ser explorada, alguns deles se mudaram para cá poucos milhares de anos antes da destruição da Atlântida. O objetivo principal deles seria trabalhar nos projetos genéticos em segredo, uma vez que isso seria ilegal na Atlântida.

Os Filhos de Belial são mais conhecidos como os anunnaki. Eram extraterrestres provenientes de quase todas as nações estelares que se juntaram ao projeto na Terra. Nem todos os anunnaki tinham más intenções quando se mudaram para a Mesopotâmia. Alguns extraterrestres que foram convidados para esse território eram muito positivos. Eles eram espirituais, seguiam o Caminho da Luz e tinham uma visão brilhante para o futuro da Terra. Eram cientistas, engenheiros, médicos, etc. Estavam fascinados com a oportunidade de participar em experimentos genéticos. Infelizmente, muitos deles foram levados a acreditar que todos os experimentos genéticos em que trabalhavam foram aprovados pelo Conselho da Luz.

Os anunnaki foram os criadores da civilização suméria e dos seres humanos que viviam entre eles como escravos. No início da civilização suméria, apenas alguns anunnaki desejavam o máximo poder e controle. Esses poucos planejaram secretamente o golpe que ocorreria milhares de anos mais tarde. De um ponto de vista global, eles não eram muito diferentes se comparados a alguns humanos de hoje. Com o propósito de compreender bem, chamamos essa atitude de Caminho da Escuridão, porque eles escolheram seguir o ego em vez de seguir a alma.

A criação dos humanos

Os anunnaki ficaram bastante descontentes, porque sua ideia *genial* de criar humanos escravos não recebeu o apoio que eles esperavam. Por isso, seu principal motivo para mudar para a Mesopotâmia seria a criação de seus próprios experimentos isolados e secretos, sem que o Conselho da Luz soubesse de nada. Os escravos humanos deviam ser temporários, e os anunnaki suspenderiam o projeto quando esses escravos não fossem mais necessários. Conforme mencionamos anteriormente, muitos que originalmente ajudaram nos experimentos de engenharia genética foram enganados. Eles realmente achavam que o Conselho da Luz tinha, finalmente, concordado com seu pedido.

As primeiras tentativas de manipulação genética de humanos foram enormes fracassos, e a maioria resultou em seres com aparência estranha, meio-animais meio-humanos. Não foram utilizados DNA primata nem extraterrestre nesse tipo de experimento. Eram criaturas diferentes, imprevisíveis, e algumas perigosas. Elas ficaram amargas e selvagens porque não pertenciam a lugar nenhum. Não eram extraterrestres e também não eram animais.

Os cientistas anunnaki fizeram uma descoberta quando estudavam os primatas primitivos. As famílias primatas primitivas eram nativas da Terra e já prosperavam. Os cientistas anunnaki estudaram o comportamento e a rotina desses primatas. Novamente, os cientistas e os engenheiros genéticos que trabalharam originalmente nesse projeto não tinham planos mal-intencionados. Muitos deles eram médicos renomados de nações estelares distantes como Virgem. A oportunidade de estudar os primatas e acelerar sua evolução foi algo absolutamente fascinante para os anunnaki. Foi-lhes dito que se tratava apenas de um projeto controlado que tinha a autorização necessária. Todos aqueles submetidos à experiência seriam eliminados no final. Os primatas eram escolhidos em virtude da sua constituição genética em comparação aos extraterrestres. Eles possuíam o crescimento previsível de inteligência aliado à habilidade de ouvir e compreender, e também de realizar e seguir tarefas determinadas.

Os cientistas informaram o líder dos anunnaki de que eles precisariam injetar DNA extraterrestre nos primatas para acelerar sua evolução. No início, eles utilizaram DNA anunnaki. No entanto, ele funcionou mal porque sua própria energia animal era mais forte do que energia da estrela (em virtude de seus egos). Em vez de produzir escravos calmos e obedientes, eles criaram escravos inteligentes, agressivos e extremamente nervosos. Esses seres foram totalmente eliminados. Mais tarde, os anunnaki decidiram, coletivamente, que aquilo que precisavam para que seu experimento tivesse sucesso seria o DNA de um Deus Substituto. Eles precisavam da energia estelar coletiva do cristal, cuja essência era imaculada. Ele era puro.

Como você pode facilmente imaginar, os anunnaki roubaram amostras do DNA do Deus Substituto e o injetaram nos primatas. Para relembrá-lo, o cristal do Deus Substituto continha A NOSSA energia estelar coletiva.

Por exemplo: seria como se alguém roubasse esperma e óvulos humanos de uma clínica de fertilidade e criasse milhares, senão milhões, de bebês humanos sem o consentimento dessa clínica.

Os anunnaki realizaram seu plano com sucesso e criaram escravos humanos. Os humanos se tornaram mais inteligentes muito mais rapidamente do que era incialmente esperado.

O controle definitivo

Qual é a melhor ferramenta para controlar ou manipular alguém? É o medo! Os escravos humanos eram mantidos em estado de medo para serem facilmente controlados. A sobrevivência estava incorporada como um fator-chave em seu programa básico. O medo garantia a sobrevivência.

Inicialmente, os humanos não tinham permissão para se reproduzir. Os anunnaki se certificaram disso desconectando essa função animal básica durante a manipulação genética. Como recompensa pela sua obediência, por trabalhar duro nas minas de ouro, etc., os anunnaki permitiram que eles se entregassem a comportamentos que se tornariam viciantes, como sexo, comida, drogas, etc. Quando alguém se torna viciado em alguma coisa, geralmente essa pessoa fica sob o controle do fornecedor.

Após certo tempo, os anunnaki se cansaram de criar novos corpos, por isso eles decidiram oferecer aos humanos o "dom" da reprodução. Se você acha que esse foi um presente de coração, pense novamente. Permitir que os humanos se reproduzissem dava mais poder e controle aos anunnaki. Os escravos humanos se sentiram como deuses quando lhes foi concedido esse privilégio porque, até então, apenas os deuses se reproduziam entre si.

Antes de concederem esse dom aos humanos, coletivamente, os humanos tinham de jurar fidelidade aos anunnaki. Isso significava que todos "nascidos" como humanos seriam escravos dos anunnaki e pertenceriam a eles para todo o sempre.

Os humanos acreditavam que criar vida nova os tornaria deuses. Eles literalmente deram suas almas aos anunnaki com esse objetivo. Voluntariamente, juraram em seus contratos com o próprio sangue. Foi nesse momento que a magia do sangue nasceu. Toda a raça de escravos humanos (que era pequena no momento do juramento coletivo) ficou comprometida com os anunnaki. O sangue transporta o programa que o ego utiliza para proteger sua sobrevivência e possível reprodução. O sangue é vida, o sangue é paixão, o sangue é ligação, o sangue é energia e o sangue é família. Você pode causar os maiores prazeres ou medos injetando-o diretamente nas veias. Seu sangue é muito poderoso. Embora a raça humana ficasse escravizada pelos anunnaki e ainda fosse controlada por meio de contratos sanguíneos, você ainda mantinha o livre-arbítrio e podia reaver sua liberdade.

Desde aquele dia, todas as almas que nasceram em um corpo físico são controladas pelo medo, para que possam transmiti-lo para a geração seguinte.

Os humanos foram enganados pela falsa crença da reprodução. Em vez de se tornarem como deuses, a humanidade se tornou escrava por milhares de anos. Os humanos se tornaram marionetes do lado escuro.

A civilização suméria foi o berço da humanidade. Ela foi também o berço do medo, do controle e da manipulação. E é assim ainda hoje.

Idioma

A queda da Torre de Babel, na antiga Suméria, marcou a linha do tempo na qual a linguagem universal foi, intencionalmente, manipulada e embaralhada em muitos idiomas diferentes. Isso foi feito para que os humanos não pudessem se comunicar livremente. Eles não podiam compartilhar o conhecimento de que possuíam livre-arbítrio, como os extraterrestres anunnaki que viviam entre eles.

Finalmente, alguns humanos inteligentes descobriram que a reprodução natural não os transformava em deuses. Enquanto os humanos continuaram sua busca para se tornarem como os deuses, alguns anunnaki, que nunca tiveram fome de poder anteriormente, começaram a perceber que tinham sido enganados na criação dos humanos. Eles se sentiam mal pelo sofrimento que causavam aos humanos ao modificá-los geneticamente, por isso os anunnaki levaram os humanos a acreditar que eles eram criados com DNA extraterrestre. Dessa forma, os humanos poderiam ser como aqueles que eles veneravam e para quem trabalhavam. Naquele momento, o conhecimento de ser um Deus verdadeiro foi consideravelmente suprimido. Isso para que os anunnaki pudessem se comportar como deuses sem nenhuma tentativa de interferência por parte dos escravos humanos.

A tensão entre os deuses anunnaki cresceu. Metade deles queria libertar os escravos, enquanto a outra metade desejava controle supremo.

Muitos humanos se desenvolviam rapidamente com o recém-adquirido conhecimento que conseguiram com os anunnaki bondosos. Isso assustou os anunnaki que queriam o controle. Eles previram que se não fizessem alguma coisa logo, perderiam seu precioso controle. Não há nada mais assustador para um agressor do que perder o controle. Os anunnaki que desejavam continuar no comando concordaram em interromper a comunicação confundindo o idioma principal durante a queda da Torre de Babel.

Observe que muitos idiomas, hoje, são compostos por letras em vez de números ou formas geométricas. A combinação de, pelo menos, duas letras do mesmo idioma criam sílabas. A partir das sílabas, você pode criar palavras. Com palavras, você pode expressar sentimentos, necessidades ou desejos. Isso resulta em comunicação. Os anunnaki queriam empregados obedientes, e não empregados surdos ou mudos. Eles acreditavam que, ao confundir os idiomas, os empregados não conseguiriam se comunicar entre si e conspirar contra eles.

Imagine que todas as letras e sílabas são peças de um quebra-cabeça. Multiplique isso por três, para ter três grandes quebra-cabeças.

Agora misture todas as peças dos três quebra-cabeças em uma caixa grande e sacuda bem a caixa. Em seguida, separe aleatoriamente todas as peças em sete pilhas. Aqui está o início dos sete idiomas humanos originais. Conforme a humanidade evoluiu, mais idiomas foram desenvolvidos.

Os humanos foram programados para sobreviver. Esse programa ainda está ativo hoje. Você pode estar em seu caminho em direção à espiritualidade, mas se tiver dificuldades para se comunicar, e se houver escassez de comida (e se você tiver uma família que está morrendo de fome), seu instinto de sobrevivência assumirá o controle.

Para confundir os idiomas de tal forma em questão de apenas alguns minutos, os anunnaki utilizaram frequência para reconectar as vias neurais no cérebro, causando neste uma concussão que bloqueou todas as memórias anteriores. Já mencionamos os Lirianos e seus experimentos genéticos. Gostaríamos de repetir um trecho do guia de semente estelar para explicar ainda mais a tecnologia que eles utilizaram.

"Em Lira, vivemos vidas muito longas. Você, como um Liriano, podia controlar seu corpo e, portanto, como seria sua vida. Em Lira, após seu nascimento, você tinha total consciência de suas vidas anteriores. Por meio de sua mente consciente, você poderia, facilmente, aceder à informação mantida em seu Registro Akáshico. Nós, os Lirianos, também podíamos interferir em sua consciência. Isso era feito por diversas razões. Por exemplo, se você dedicasse certo tempo a uma pesquisa em particular, como a energia solar, você poderia, temporariamente, alterar sua mente consciente e as vias de energia neurológica (receptores de informação) para receber apenas informação relativa à energia solar. Isso favorece um foco muito superior dedicado a um assunto em particular, neste caso, a energia solar. Enquanto evita, conscientemente, outras distrações, seu trabalho sobre a energia solar correrá muito bem. Para explicar isso melhor, imagine uma criança prodígio que nasceu com autismo. Ela poderia ser um gênio em um assunto e não ter habilidades em outros. Podemos fazer isso conscientemente alterando as vias neurológicas dentro do cérebro e revertê-las. Esse conhecimento nos permitiu brincar de Deus na Terra. Éramos mestres nos campos da genética e da bioengenharia".

Com esse conhecimento e tecnologia, os anunnaki bloquearam a memória do idioma universal e a humanidade mergulhou em um profundo estado hipnótico.

Nós queremos que você observe que os números, as formas geométricas e as cores fazem parte de um idioma universal original. Eles fazem parte do Idioma da Luz, que nossos ancestrais compreendiam e falavam. Repare que as equações matemáticas são válidas em todo o mundo. A resposta é sempre a mesma, não importa a língua que você fale. Os números são sempre verdadeiros. Deus criou este Universo de acordo com um padrão matemático. Ninguém poderia misturar isso. Seu Universo seria totalmente destruído se ele fosse confundido. Portanto, você possui parte do idioma original. É por isso que matemáticos, como Pitágoras, mantiveram esse idioma extremamente inteligente vivo. Há muitos significados espirituais por trás das fórmulas. Por isso que repetir números é algo especial, eles contêm mensagens espirituais.

Os anunnaki também não podiam retirar sua habilidade de ver. Homens cegos são maus escravos. Os olhos são a porta para sua alma, e sua alma possui memórias. Elas estão inscritas em seu DNA. Quando você observa pinturas, estruturas ou edifícios antigos, eles o relembram de seu passado. Nós os construímos com a intenção de que eles pudessem falar à sua alma, para que você possa se lembrar de quem você realmente é. Tudo que você deve fazer é confiar em si mesmo e em seus sentimentos.

Aprendendo a decifrar o universo – a linguagem dos números

Você pode decifrar a linguagem dos números em sua vida diária. Isso permitirá que você compreenda, conscientemente, o Idioma da Luz. Observe o que você pensa quando determinado padrão de números surge em sua vida. Isso é o Universo oferecendo respostas às suas perguntas.

Nós ensinamos você a compreender a linguagem dos números para que você possa ser você mesmo em vez de seguir a orientação ou o controle de alguém. Quando você começar a aprender, a quantidade de números repetidos não importará, apenas o número importa (1, 2, 3, etc.). Quando você ficar fluente em suas interpretações, poderá juntar números para descobrir outro nível de significados. Por exemplo, se você vir 111 (1+1+1=3), trabalhará com o número 1 (que é sua base sólida). Depois de compreender o significado básico, você acrescentará o significado do número 3 em sua mensagem original (o que acrescentará informação adicional à sua mensagem). É como se você estivesse aprendendo um idioma qualquer. No início, você utiliza frases simples com verbos e substantivos e, em seguida, acrescenta adjetivos.

A seguir, utilizaremos dígitos triplos porque a mente registra repetindo os números como um padrão. Quando vir esse padrão e identificá-lo conscientemente, você começará a reconhecer que eles contêm mensagens secretas para você.

<u>111 representa um novo começo</u>, uma linha única. Dê atenção aos seus planos. Que pensamentos você tem em relação às mudanças em um futuro próximo? Você pensa em mudar de emprego, escrever um livro, matricular-se em uma academia, etc.? O 111 é um sinal para lhe comunicar que a *coisa nova* em que você pensa será uma boa mudança.

<u>222 representa o momento presente, dualidade, escolhas,</u> e duas linhas que podem formar um círculo. O número 2 representa as duas partes de seu ego (a vítima e o agressor), as duas partes de sua alma (curada e não curada) e duas partes de você (criativa e destrutiva). A escolha sempre será sua em relação àquilo que você aceitará.

Quando você vir o número dois, dê atenção aos seus pensamentos atuais, porque é importante relembrar o que você pensava quando notou este número. Provavelmente se trata de alguma ideia que precisa de uma decisão para ser desenvolvida. Não protele, tome decisões com o coração e aja em conformidade. O número 2 não trata de planos, e sim de permanecer no momento e lidar com tudo que surge agora.

<u>333 é conscientização</u>. Ele é um catalisador, três linhas formam um triângulo. Ele representa a ligação entre o passado, o presente e o futuro. Quando esse número aparece, observe conscientemente uma

situação importante que ocorre em sua vida, e como essa situação é afetada pela energia de seu passado, de seu presente, e como ela pode moldar seu futuro. Há alguma coisa do seu passado, ou de vidas passadas que você precisa curar para que essa situação seja bem-sucedida? Por exemplo, você vai se casar ou começar um novo negócio? Você vê grupos de 333 em toda a parte? Há algo que necessita ser curado em seu passado, para que seu futuro seja espetacular?

Quando você vir o número 3, trabalhe na cura de seu passado, estabeleça metas para o futuro e permaneça conscientemente no presente, dentro de seu corpo. Quando limpar seu passado, seu eu futuro poderá ser facilmente conduzido à criação do futuro que você deseja. Lembre-se, trabalhar conscientemente no presente é o catalisador que o número 3 representa.

444 representa a abundância espiritual e física, depende daquilo que você pensava no momento em que viu o número 4. Por exemplo, se você está trabalhando com suas finanças e quer se matricular em um curso ou em uma escola, mas não tem certeza se conseguirá arcar com os custos ou se isso o ajudará a se tornar abundante, deparar-se com o número 4 é algo bom. Essa é a confirmação de que suas ações serão abundantes. O número 4 não se aplica apenas às finanças, mas à sua abundância coletiva. Quando você considera se suas ações serão abundantes, ver o número 4 é sua reposta *sim*.

555 representa transformação. O número 5 indica que alguma mudança importante está acontecendo, e você tem a oportunidade de transformar seus padrões e comportamentos, e pode pensar em algo novo, melhor e mais positivo. Isso pode indicar que a noite escura da alma se aproxima, e você está preparado para deixar seu antigo eu *morrer* e permitir que seu novo eu nasça. Pratique a sensação de segurança, torne-se um com o Universo e confie que seu eu supremo o guiará.

666 representa a cooperação consciente entre o ego e a alma. Ele mostra a verdade, caso você esteja pronto para vê-la. Trata-se de um número de dualidade, uma vez que pode ser dividido em duas partes iguais, dois triângulos. O seis é um número no qual você pode, conscientemente, reconhecer o engano. Ou você pode, inconscientemente,

ser enganado. Alguns dizem que o seis é um número maligno, porque ele não quer que você conheça a verdade.

Ver o número 6 significa que você está, conscientemente, alinhado com seu eu supremo. Você deve aprender a desenvolver e a confiar em sua intuição. Por exemplo, com seus guias; você está seguindo o Caminho da Luz? Ou você está seguindo o Caminho da Escuridão? Quem são seus guias? Não permita que eles simplesmente digam a você. Teste-os e confie em sua intuição interior. Exemplo: se você tem um chefe novo no emprego e vê o número 6, talvez isso seja um sinal de que há alguma coisa sobre o novo chefe que você deve saber. Acredite que você está pronto para ver a verdade e peça orientação aos seus guias para que possa vê-la. Você pode estar nervoso porque seu emprego está ameaçado pelas novas mudanças que se aproximam, e seus guias podem lhe mostrar que seu novo chefe está simplesmente tão nervoso quanto você, e sente que o trabalho dele estará em risco caso ele não execute bem suas novas funções. Ou seus guias podem lhe mostrar que aquilo que você sente é o ego dentro do chefe novo, que está ali para provar que ele é o chefe e que fará mudanças, doa a quem doer. Caso se trate do primeiro caso (o chefe está nervoso), você pode ajudar fazendo com que ele se sinta bem-vindo e confortável. Se for o segundo caso (o ego), então poderá decidir como avançar com o passo seguinte.

<u>777 representa seu alinhamento entre o corpo espiritual e o corpo físico</u>. Temos sete chacras principais, sete Irmãs das Plêiades e sete dias da semana. Quando você vir o número 7, significa que você está se alinhando com sua nova missão de vida no nível físico e no nível espiritual. Tente se lembrar em que você pensava quando viu o número 7, e isso pode lhe dar uma boa visão de sua missão de vida.

<u>888 representa infinidade e se tornar um novo ser humano</u>. Ele também representa o amor incondicional de Deus. Ele é a cornucópia da abundância. O número 8 é aquele simples cartão-postal vindo de sua casa para lhe dizer que você é amado, amado e amado além de suas expectativas. Sua vida é um campo quântico de possibilidades ilimitadas, e o número 8 é a porta de entrada para esse campo. Você se atreverá a brincar nesse campo?

__999 representa o fim de um ciclo__. Quando você vir o número 9, alguma coisa está terminando. Você tem uma oportunidade para finalizar esse ciclo, ou padrão, de tal forma que não terá de repeti-lo nunca mais. Quando você começar a ver o número 9, fique consciente sobre o que está chegando ao fim em sua vida. Pode ser um projeto, uma transferência, um divórcio, um emprego, etc. Reveja sua vida. Perdoe o que não funcionou no passado, envie amor incondicional a todos os envolvidos e ilumine o novo caminho à sua frente. Estabeleça novos objetivos para um ciclo de vibrações elevadas que espera por você.

A grande inundação

A vida depois da Atlântida nunca mais foi igual àquela do período da Atlântida. Os seres estelares vivenciaram a separação entre uns e outros, e alguns grupos se isolaram completamente. Todos nos focamos no trabalho que era importante para nós. Preservar o conhecimento para as gerações futuras era a principal tarefa para aqueles que estavam no Caminho da Luz.

Foi necessário um tempo considerável para restabelecer a comunicação intergaláctica e os sistemas de transporte que foram perdidos após a destruição da Atlântida. Quando o Conselho da Luz descobriu o que realmente acontecia na Terra, eles ficaram extremamente descontentes. Exigiram a remoção imediata e completa de todos os extraterrestres que estavam na Terra, e o total encerramento do projeto de vida humana geneticamente evoluída.

O Conselho da Luz considerou a destruição completa da Terra, incluindo todos os extraterrestres que viviam aqui, caso não obedecessem à sua decisão. Eles citaram Maldek, sua destruição e a possibilidade de a Terra ser a próxima a ser destruída. Pode parecer severo, mas até o Conselho da Luz estava sob o comando de outra autoridade, à qual deveriam responder. Era contra a lei acelerar a evolução das criações de Deus. Toda ação tem uma reação. A vida evolutiva na Terra poderia ser benéfica ou destrutiva em relação ao restante do Universo.

Os extraterrestres que estavam no Caminho da Luz apelaram ao Conselho da Luz para salvar a raça humana e dar-lhe uma oportunidade justa de evolução futura. Afinal de contas, foi nosso erro coletivo usar a Terra para esses experimentos.

Após um longo processo de deliberação com o Conselho da Luz, chegamos a um compromisso. Uma grande limpeza (a Grande Inundação) aconteceria, e os humanos teriam uma oportunidade justa de sobreviver e prosperar sob o acompanhamento atento de outro planeta, e o Conselho da Luz ficaria vigiando a operação.

Foi acordado, coletivamente, que se os humanos pudessem realizar o caminho da ascensão, como indivíduos separados, em grupos ou coletivamente unidos, poderiam se juntar a nós em nosso mundo natal. Eles seriam acolhidos como seres iguais de amor e luz.

Você pode chamar isso de início do *Jogo da Vida*, porque foi isso o que aconteceu. Imagine um jogo de tabuleiro com sete territórios principais que são influenciados por outros domínios, por diferentes famílias de extraterrestres. As perguntas para as quais esperamos as respostas são: "Quem vencerá? O que você acolherá, o DNA do ser estelar ou o DNA animal? Sua psique permitirá que você aceite, perdoe e abrace o amor incondicional? Você consegue lidar com a verdade? Ou você sucumbirá ao lado da escuridão"?

Como provavelmente você já sabe por meio de textos antigos, a Grande Inundação marca, historicamente, um tempo em que todos os extraterrestres deixaram a superfície da Terra. O acordo que fizemos com o Conselho da Luz dizia que nenhum Deus (extraterrestre) andaria ou viveria entre os humanos. Os extraterrestres não se mostrariam à raça humana para se assegurar de que os humanos não venerariam deuses falsos. Os humanos teriam uma oportunidade para encontrar Deus dentro deles.

Foi-nos permitido ocupar o interior da Terra para supervisionar. O objetivo principal era cuidar da Terra e do cristal do Deus Substituto, já que o nosso DNA devia permanecer ancorado no cristal para que os humanos pudessem sobreviver. Sem a energia do cristal do Deus Substituto, a vida da raça humana deixaria de existir, porque a energia das almas dos humanos não poderia sobreviver sem um vínculo com o domínio físico. Você pode se perguntar: "Por que não destruir o cristal e libertar todas essas almas"? A resposta não é agradável. Se o cristal for destruído antes que as almas estejam preparadas para domínios superiores, as almas que não estão evoluídas ficarão presas nos níveis das dimensões inferiores. Elas ficarão presas entre entidades como aquelas que entraram no domínio da Terra quando as dimensões foram dilaceradas, após a destruição da Atlântida.

Desde a época da Grande Inundação, as únicas formas que realmente temos para ajudá-los a levar conhecimento à humanidade são: ser seu guia, falar por meio de um corpo humano ou encarnar em um corpo humano e nos tornarmos professores de almas.

Lembra-se dos sete territórios? Agora comece a ligar todo seu conhecimento sobre o chamado "Deus" surgindo para os humanos especiais, porém sem nunca revelar sua identidade, aconselhando-os a seguir apenas um Deus em particular e não escutar outro Deus, ou então aconteceria uma grande destruição. O Jogo da Vida tem de ser equilibrado, e já que a Terra é um lugar de dualidades, o Conselho da Luz deu permissão para que a escuridão e a luz brincassem na Terra, porque elas são "chamas gêmeas"! A única forma de cura é pela união. Um não é melhor que o outro. A única maneira de encontrar o caminho para casa é por meio do conhecimento e da cura das feridas de sua alma.

Encarnar em um corpo humano tem seus prós e contras. Seres da luz nem sempre apreciam viver em um corpo humano. Temos de seguir regras estritas. Desde a Grande Inundação, só podemos encarnar nos corpos humanos que os anunnaki manipularam geneticamente. O corpo humano tem uma expectativa de vida limitada, e você não pode se lembrar de encarnações anteriores porque sua alma teve de atravessar o Rio do Esquecimento antes do seu nascimento. O corpo físico é dominado pelo DNA animal e, em geral, é educado em sociedades criadas por humanos, com regras também criadas por humanos, que podem ser nocivas e prejudiciais à alma.

Nós consideramos vocês, nossos irmãos e irmãs, todos vocês que se identificam com nossa mensagem e nossa frequência, que deram um salto de confiança e encarnaram na Terra para ajudar a humanidade, as almas mais corajosas da Galáxia!

Vocês são HERÓIS! Estamos aqui para banhá-los em amor incondicional.

Durante os milhares de anos em que vocês existiram na Terra, vocês foram torturados, maltratados e assassinados em muitas vidas. Isso aconteceu em virtude da sua crença em ajudar a raça humana a aceitar o conhecimento de que são filhos divinos de Deus. Estamos aqui para iluminar seu caminho em seu jogo de tabuleiro, para que você veja a escadaria dourada, no formato de uma espiral de Fibonacci, que o conduzirá à linha de chegada.

Por fim, quando realizar sua ascensão, as características trazidas pelo seu DNA animal serão apaziguadas. Cada um de vocês será um acréscimo maravilhoso à vida extraterrestre. As Escolas de Mistério foram criadas para ajudá-lo a realizar sua ascensão. O experimento dos Maias provou que essas escolas podem ser bem-sucedidas.

Kara – registro akáshico

Este trecho explicará como até aqueles que escolheram o Caminho da Luz podem acabar no Caminho da Escuridão.

Antes que o domínio da Terra causasse a destruição do espírito de Kara, ela costumava ser um alegre ser Pleiadiano e acreditava que todos podiam mudar se sentissem o amor incondicional de Deus. Sua alma queria desesperadamente que ela se lembrasse disso, para que pudesse novamente personificar essa crença e disseminar o amor e a luz a outros durante sua vida na Terra. Kara foi um ser Pleiadiano que viveu no planeta Electra. Antes de vir para a Terra, ela não teve nenhuma experiência com energias de baixa vibração. Sua alma era delicada e doce. Ela vibrava, conscientemente, com a frequência do amor incondicional. Era profundamente ligada à natureza. Realmente acreditava que tudo é bom. Ela confiava em todos e acreditava em todos.

Kara chegou à Terra durante a época da Atlântida. Ela era uma curadora. Praticava técnicas curativas, fitoterapia e sua alma desenvolveu habilidades curativas enquanto permaneceu nos domínios da Terra. Ser capaz de curar a alma é um dom Pleiadiano. Uma das missões de Kara na Atlântida consistia em ajudar os seres que cuidavam das plantas e das árvores. Algumas plantas e árvores foram trazidas à Terra de vários planetas do Universo, para criar belas recordações de nossas casas. Muitas plantas eram utilizadas para criar remédios para os extraterrestres.

O Planeta Electra é conhecido por suas árvores curativas e por seus seres encantados, como os duendes e as fadas que vivem em suas florestas. Quando Kara chegou à Terra, ela geralmente se encontrava com fadas, dragões, duendes e vários outros seres de luz benevolentes. Ela sabia como penetrar no interior da Terra. Infelizmente, mais ou menos na metade da existência da Atlântida, esses seres encantados foram intensamente caçados (por causa de sua energia especial) por outros seres estelares cujos egos foram possuídos.

Quando Kara chegou à Atlântida, a manipulação genética estava em plena atividade e não era questionada por seres recém-chegados. O DNA animal dela era de peixe/anfíbio.

(Por favor, lembre-se que no projeto original para alterar nossos corpos extraterrestres não utilizamos nenhum DNA primata. O DNA primata foi utilizado posteriormente para criar os humanos como você os conhece hoje).

Por volta de 2 mil anos antes da destruição da Atlântida, Kara foi convidada para se mudar para a Mesopotâmia (em virtude de seu singular DNA de peixe/anfíbio). A decisão de sua mudança foi baseada em escolhas de trabalho, algo muito parecido com as decisões de transferências realizadas hoje. Ela deveria optar pelo Egito ou pela Suméria. Os anunnaki convenceram-na a se mudar para a Suméria, dizendo que ela seria muito mais útil ali, onde muitos sofriam com os efeitos secundários dos experimentos genéticos. Kara escolheu o caminho de ajudar o povo da Suméria. Ela não tinha ideia do que lhe aconteceria, e não deu ouvidos às sugestões de que deveria ir para o Egito em vez da Suméria. Ela sentia que deveria ir para a Suméria ajudar os necessitados.

Kara sentiu que seria uma viagem difícil, por isso, secretamente, ela manteve a ligação com o povo do Egito. Isso a ajudou a manter sua energia vibrante e, ao mesmo tempo, a partilhar conhecimento com aqueles que o solicitavam. A missão curativa de sua alma consistia em levar conhecimento do ego humano a outros, para que eles encontrassem o poder de suas almas e evoluíssem.

Viver entre os anunnaki fez com que Kara testemunhasse alguns acontecimentos muito sombrios. Um deles, que sentimos durante a sessão, era o conhecimento que ela tinha de abusos sexuais sofridos pelos humanos. Alguns anunnaki utilizavam o sexo como uma ferramenta de poder, e também como uma ferramenta de medo. Kara se manifestou contra esses atos e foi acusada de trair os anunnaki. A maioria dos anunnaki queria poder superior; ou você estava com eles, ou estava contra eles. Ela foi despromovida de sua posição de *deus* e foi enviada para viver entre os humanos. Infelizmente, os humanos também não foram gentis com ela. Kara foi maltratada porque era diferente. Ela foi violada e agredida. Havia muitos outros iguais a ela, que discordavam dos anunnaki e não conseguiram fugir a tempo. Ela teve uma morte violenta.

Sua alma lembrava-se da vida na Suméria. Ela se lembrou de ver os rituais sexuais obscenos dos anunnaki, de ter pavor dos deuses anunnaki e de temer os humanos. Sua alma estava em choque, ela não compreendia como aqueles em quem ela confiava e amava puderam lhe fazer coisas tão horríveis. Essa era sua principal ferida de alma na Terra. A alma de Kara literalmente gritava: "Por que vim para cá"?

Cindy

Quando fiz uma leitura para Cindy (Kara), sua alma não conseguia se lembrar da essência de seu ser Pleiadiano. Inconscientemente, ela tinha medo de ser má por dentro. Sua alma se sentia indigna a ponto de não conseguir usar suas habilidades, porque sua alma acreditava que ela poderia, possivelmente, ferir alguém. E isso era apenas uma memória de alma da sua vida entre os anunnaki, embora houvesse outras que descreviam seu impressionante trabalho com as almas.

Cindy disse que tentou estudar espiritualidade e diferentes métodos energéticos. O que era empolgante no início se tornou insignificante posteriormente. O ego humano de Cindy a desencorajava a aceitar sua habilidade natural por causa da crença de que sua alma não poderia suportar, novamente, tais níveis de sofrimento. É claro que o ego não sabe que não temos de repetir o passado, se formos corajosos o suficiente para seguir adiante. Os Pleiadianos ensinaram a Cindy alguns exercícios de cura de alma e a preencheram com amor incondicional, para que ela pudesse perdoar a todos e permitir que sua alma brilhasse outra vez.

A cura da alma

Aceite seu fracasso na Atlântida, ou no projeto da Terra. (Todos nós falhamos)

Permita-se aceitar o fracasso, está tudo bem, e ele ficou no passado. Por quanto tempo vai se punir por isso? Você já foi perdoado. Tudo o que deve fazer é perdoar a si mesmo e aos outros.

Se você sentir em seu coração que é um ser estelar vivendo em um corpo humano, olhe no espelho, olhe profundamente em seus olhos e fale com sua alma. Aceite que você tem milhares, ou milhões de anos. Aceite que você é um extraterrestre vivendo em um corpo humano. Diga a si mesmo que você está pronto para se lembrar de quem você realmente é. Peça ao seu eu supremo que o ajude em sua jornada.

Anulando o juramento anunnaki

Repita em voz alta: *"Pelo poder de minha alma livre, renuncio ao juramento de fidelidade que fiz para os anunnaki e para todos os outros que limitam meu livre-arbítrio. Reivindico meu poder de alma. O sangue que corre em minhas veias pertence ao meu corpo. Meu corpo é um recipiente para meu eu supremo. Cancelo todos os contratos sanguíneos feitos no passado e retomo totalmente o controle do meu destino".*

Preencha-se de amor incondicional

Repita em voz alta: *"Eu invoco a energia suprema da Origem/ Deus para que se conecte comigo e com meu eu supremo, e me preencha de amor incondicional. Sinto o amor incondicional preenchendo todo o meu corpo. Envio amor incondicional ao meu campo áurico. Se houver alguma energia ou entidade negativa ligada a mim, eu a preencho com amor incondicional e peço à família de luz que as ajude (energias e entidades negativas) e as leve para casa".*

Manifeste gratidão e continue seu dia. O truque é pedir amor incondicional e fisicamente sentir o amor incondicional entrando em seu corpo, da cabeça aos pés. Se você acreditar que está ligado ao amor universal, você o sentirá. Pode exigir um pouco de prática, mas não é muito diferente de quando você vê um limão, você pode sentir a acidez mesmo sem prová-lo. O amor incondicional funciona de forma semelhante. Se você acreditar nele, você o sentirá. Lembre-se de que o amor incondicional é energia suprema que cura. Ele é a essência de seu ser que os outros querem que você esqueça.

Capítulo 9

O Nascimento e a Morte de Jesus Cristo

Milhares de anos se passaram desde a destruição da Atlântida, e você adquiriu a experiência de várias encarnações. Algumas foram ótimas, outras horríveis. Então, o momento tão aguardado da grande mudança finalmente chegou. O nascimento de Jesus Cristo. Não é relevante se você concorda ou não que o filho de Deus passou pela Terra; no entanto, será útil perceber que essa época foi significante em sua história e marcou sua segunda principal ferida de alma. A vida e a morte de Jesus Cristo causaram a formação de várias religiões que foram, infelizmente (e ainda são), criadas com o propósito de controlar a humanidade em nome de Deus e de Jesus, em vez de libertá-la. Um acontecimento que foi divinamente planejado pelos Pleiadianos para acabar com o medo e substituí-lo pelo amor incondicional sofreu uma reviravolta terrível.

Os descendentes da tribo atlanteana

A antiga tribo atlanteana e os Filhos da Lei do Uno mantiveram sua energia, sabedoria e tradições vivas e em segredo, para transmiti-las de geração a geração. A vida depois da Grande Inundação era difícil. Não podíamos mais utilizar tecnologia sofisticada para ajudar a humanidade. O crescimento espiritual e físico abrandou e tivemos de nos adaptar à evolução natural da vida. As pessoas foram separadas por idiomas, dinheiro, crenças, medos, amor e ódio. O corpo físico funcionava com o programa da sobrevivência e possível reprodução, da maneira como foi concebido. Todos os extraterrestres que desejavam viver na Terra tinham de nascer em um corpo humano, que (como você já sabe) foi originalmente manipulado pelos anunnaki. Muitos seres extraterrestres já estavam presos em ciclos de encarnação, porque eles decidiram permanecer na Terra após a destruição da Atlântida.

Para ajudar a energia de nossa tribo fluir, utilizamos práticas espirituais secretas que nos permitiram acolher almas muito mais avançadas no corpo com o intuito de despertar as memórias da alma daquela pessoa. Também tentávamos encarnar em famílias que combinavam com nossas vibrações energéticas e que apoiavam nossa missão. Todos frequentamos Escolas de Mistério cujo programa de ensino englobava o crescimento da alma e do ego, para que as pessoas aprendessem a superar as limitações do DNA animal. Esse plano foi concebido para que as almas passassem da dualidade do reino da Terra e se reunissem com suas famílias de almas no Universo. Mostramos a vocês como trilhar o Caminho da Luz e deixamos muitos documentos antigos que continham os rastros energéticos para que outros nos pudessem seguir.

Porém, conforme o tempo passava, havia cada vez menos mestres, professores de Escolas de Mistério e fiéis porque só tínhamos histórias e ensinamentos para passar adiante. Tudo que era espetacular tinha de ser guardado em segredo, do contrário vocês poderiam ser apedrejados até à morte por aqueles que viviam sob o controle do medo.

A energia do ego masculino crescia em superioridade. Alguns foram atraídos pelo lado sombrio e partiram. Todos nós sentíamos falta da nossa vida na Atlântida e de nossa casa no Universo. Por vezes, o sofrimento era insuportável, da mesma forma que é para vocês hoje. Levávamos uma vida simples. Foram criadas muitas tribos femininas independentes para proteger territórios e conhecimento. A energia feminina é mais difícil de corromper, por isso confiamos na orientação divina. Permitimos que nossas irmãs nos guiassem por tempos muitos sombrios. Devemos dizer que os homens que viviam em nossas tribos curaram seus egos e viviam em harmonia com as líderes do sexo feminino. Homens e mulheres dos Filhos da Lei do Uno eram unidos no coração e na mente, e estavam ligados pelo amor incondicional. Nós nos voltamos para a natureza, permanecemos ligados àqueles que viviam no interior da Terra, não aceitamos nenhum sacrifício humano ou animal e mantivemos nossos corpos e almas os mais puros possíveis. Nós, os Pleiadianos (e muitos outros), ficamos para trás para caminhar ao seu lado na Terra, como seus irmãos e suas irmãs.

Por meio de nossa intuição e telepatia, estávamos ligados às nossas famílias de alma no Universo. Da mesma forma que vocês estão ligados a nós, os Pleiadianos, quando ouvem nossas transmissões energéticas traduzidas em palavras que vocês podem compreender. Durante aquela época, fomos instruídos a sermos portadores de frequência, a escrever todo o conhecimento e preservá-lo para as gerações futuras. Fomos aconselhados a esperar, pacientemente, por uma época que fosse favorável a todos nós.

Os filhos de Belial

Os Filhos de Belial também encarnavam na Terra, eles tinham seus próprios profetas. Como você vê, tudo se tornou um jogo, o Jogo da Vida. Quem ganhará? A Escuridão ou a Luz? Eles sentiam que investiram muito na humanidade, então por que não tentar conquistar o controle definitivo? Compreenda que o ego controla, enquanto o amor liberta.

Nós recordaremos as "regras básicas" fornecidas. Nenhum extraterrestre poderia interferir visivelmente com a humanidade. Podíamos caminhar com você em um corpo humano (para isso, temos de encarnar), torná-lo um profeta ou usar seu corpo (com seu livre-arbítrio) para direcionar nossas mensagens. Assim, o Conselho da Luz não interferiria (nem mesmo hoje), a menos que as ações humanas ameaçassem a vida extraterrestre no Universo.

Os essênios

Os nomes dos grupos espirituais não são relevantes para nós, mas são para você, pois o ajudarão a identificar vagamente que você é e quem você foi durante aquela época, com o objetivo de curar as feridas de sua alma.

Muitos de vocês se lembram de suas vidas passadas como essênios. Naturalmente, você pode se perguntar: você foi Jesus Cristo, Maria Madalena, Ana, ou algum dos discípulos? Vamos detê-lo aqui mesmo. Sua alma não se importa que nome ou identidade ela possuía quando estava encarnada na Terra. Sua alma se importa com a missão que ela tinha, e ainda tem hoje. O ego é que deseja se sentir superior. Ele pode convencer a si mesmo que você foi uma pessoa importante na história da Terra, para mantê-lo preso ao jogo. O que tentamos dizer é que não importa quem você era. O que importa é o que faz hoje. Que ações você tomará para ajudar a humanidade, e que tipo de rastro energético deixará para que outros o sigam.

A comunidade de essênios começou como um grupo de pessoas que estavam profundamente ligadas à essência de seu ser e eram puros de alma. Eles podiam facilmente seguir o caminho da ascensão e, no entanto, decidiram ficar. Eram descendentes dos antigos atlanteanos, os Filhos da Lei do Uno. Foram convocados por Deus/Origem para que deixassem as comunidades ocultas na Terra e se destacassem em outras religiões e crenças existentes. Isso para que os humanos que estivessem preparados para a mudança pudessem encontrá-los facilmente. Os alinhamentos planetários apoiaram essa mudança, da mesma forma que o ano 2012 marcou outra janela de oportunidades para uma grande mudança.

Algumas comunidades de essênios ainda viveram, secretamente, uma vida prolongada durante muitas centenas de anos. Eles conheciam os segredos da imortalidade, tinham conhecimento do Templo do Rejuvenescimento e também da cura fitoterápica. Também estavam ligados aos Maias por meio de seres que vivem no interior da Terra. Nunca desrespeitaram o conhecimento antigo. Eles o utilizavam apenas para ajudar. De certa forma, esses povos eram bibliotecas ambulantes. Era muito útil para eles viver vidas longas. No final de sua vida natural, a alma deles aceitava outra missão e permanecia no mesmo corpo físico. Isso acontecia em vez de passar por outra reencarnação e estados de amnésia. Eles também documentaram a história do início dos tempos, que abrangia uma época muito anterior à civilização suméria. Textos antigos surgirão nos próximos capítulos para ajudá-lo a descobrir a verdade.

Os essênios (e, mais tarde, os gnósticos) entraram para a história pela mesma razão que as pirâmides do Egito, para ajudar sua alma a se lembrar de suas memórias energéticas de almas que você utilizou. Você pode não se lembrar de tudo, mas muito provavelmente se lembrará das comidas que comeu, das roupas que vestiu, de como tratava os outros em sua comunidade e como eles tratavam você. Esperamos que se lembre do respeito que tinha uns pelos outros, da sua missão, do amor incondicional, da esperança, da fé e das visões da Nova Terra. Se conseguir se lembrar de fragmentos disso tudo, você está se lembrando da essência de seu ser.

Jesus Cristo

Uma vez que a comunidade de essênios estava estabelecida e aberta às pessoas dispostas a seguir suas regras (estabelecidas pelo amor incondicional), muitos seres benevolentes foram chamados de volta à Terra para ajudar a humanidade na mudança antecipada. Muitos de vocês, seres de sementes estelares, retornaram à Terra durante aquela época porque ouviram o chamado. Como ocorre hoje, você foi desafiado a compreender a psique humana e o corpo físico antes de se recordar de todos os seus dons naturais.

Todos nós queríamos ajudar vocês e acelerar o crescimento de suas almas, por isso organizamos para a alma que vocês chamam de Jesus Cristo entrar no reino da Terra. Essa alma entrou no reino da Terra por meio do mesmo ritual sagrado que foi realizado na época de Toth, no Egito (tratava-se de uma antiga prática atlanteana). Os corpos e as almas dos anciãos essênios, Maria e José, foram treinados para conter frequências de vibrações elevadas, assim como a pureza da alma. É dessa forma que a alma de um ser Pleiadiano conseguiu entrar no ventre de Maria sem permitir que a energia 4D do Céu também entrasse e tivesse que atravessar o Rio do Esquecimento antes de chegar à Terra. Esse acontecimento foi perfeitamente planejado. A Mãe Maria não foi raptada por extraterrestres ou fecundada por Deus durante o sono. A Mãe Maria era um ser Pleiadiano que viveu em um corpo humano. Ela era um ser de semente estelar cuja primeira vida na Terra foi na Lemúria. Desde então, ela teve várias encarnações.

Nós escolhemos, propositadamente, uma figura masculina para Jesus Cristo, porque os homens eram dominantes naquela época. Acreditamos que seria mais fácil se identificar com uma figura pública masculina em vez de uma feminina, pois ela poderia ser assassinada durante seu primeiro discurso. No entanto, também enviamos seres femininos, como Maria Madalena, que se casou com Jesus e teve filhos com ele e, por fim, se tornou ainda mais importante na preservação da antiga tribo atlanteana ao longo da história.

Jesus Cristo e Maria Madalena caminharam na Terra, entre vocês, para mostrar que vocês são como eles. Eles foram criados em uma comunidade que satisfazia seu crescimento espiritual assim como suas necessidades físicas. Lembre-se de que eles não precisaram de treino para um emprego tradicional que garantisse dinheiro, algo que os humanos acreditam ser necessário para a sobrevivência na Terra, já que com o dinheiro se obtinha comida e abrigo. Como eram jovens, eles aprenderam a compreender suas partes humanas e suas partes divinas. Aprenderam as mesmas habilidades que estamos compartilhando com vocês. A única vantagem deles foi terem nascido em uma comunidade que mantinha esse conhecimento e o fato de que eles não tinham feridas na alma. Gostaríamos de salientar que Jesus Cristo e Maria Madalena não estavam predestinados a casar, nem seu casamento foi arranjado por outros. Eles seguiram seus corações humanos e tiraram o melhor proveito de suas vidas na Terra. Há muitas coisas que não podemos ou não vamos influenciar. Todos têm o livre-arbítrio. Você pode, facilmente, seguir esse caminho enquanto cura as feridas de sua alma e ainda ser responsável por suas escolhas.

O objetivo principal das almas era demonstrar que todos podiam ser como elas. Elas mostraram que você é filho de Deus e que, basicamente, você é Deus, porque Deus está dentro de você. Seu corpo é um templo feito para o amor incondicional, e seu coração é a vela de sua luz infinita.

Os essênios não se consideravam superiores a ninguém, eles tratavam todos igualmente. Havia muitos essênios que possuíam as mesmas habilidades de Jesus, mas se você caminhasse ao lado deles, nunca as notaria. Eles o respeitavam por quem você era, e também respeitavam suas escolhas, mesmo se elas não fossem as melhores para você. Eles jamais o forçariam a mudar suas crenças ou instigariam o medo (ou qualquer tipo de controle). Eles o guiariam até o conhecimento, para que você pudesse se libertar da realidade que vivia naquele momento. Você é o criador de sua vida e de seu destino.

Ano um

A morte de Jesus Cristo não foi planejada, como alguns textos religiosos dizem. Os Filhos de Belial se sentiram extremamente ameaçados pela iminente popularidade dos essênios, já que os humanos realmente acreditavam que o filho de Deus estava entre eles, e tinham de detê-lo.

Os Filhos de Belial estavam por trás da criação de uma variedade de religiões, sociedades secretas e da crucificação de Cristo. Eles a planejaram cuidadosamente com o objetivo de obter o controle definitivo sobre a raça humana. Cada religião, crença ou prática espiritual na Terra carrega parte da verdade divina. Nem tudo é mentira. No entanto, quando alguém lhe diz que você deve viver de determinada maneira, essa pessoa está mais do que tentando controlá-lo. Se alguém lhe disser que algo de ruim acontecerá se você não seguir isso ou aquilo, então esse alguém está tentando instigar o medo em você. É claro que esse assunto é controverso. Partilharemos as regras estabelecidas com o amor incondicional, seguidas pelos essênios, no final. Você tinha a opção de seguir essas regras e viver em comunidade, ou de não seguir as regras e, no entanto, apreciar sua filosofia. Você podia seguir suas próprias regras, viver onde seu coração desejasse e, no entanto, ser apoiado por eles. Conosco acontece o mesmo, pois os Pleiadianos não exigirão que todos vocês sejam vegetarianos, veganos ou carnívoros. Você sabe que todos esses grupos mencionados podem nos canalizar. Procuramos aqueles de coração puro, e não nos interessa o que você tem no estômago.

Agora, vamos voltar ao assunto do primeiro ano. Quando ficou óbvio que Jesus seria crucificado, os essênios, em vez de escondê-lo (o que poderiam ter feito facilmente), fizeram um acordo coletivo de demonstrar amor incondicional à humanidade. A alma de Jesus estava totalmente curada. Ele perdoou a todos por tudo aquilo de que eles necessitavam perdão, e manteve todos na frequência do amor incondicional. Ele não sofreu pelos humanos. Não sentiu dor durante muito tempo. Sua alma estava treinada para se projetar, de forma astral, acima de seu corpo e se desconectar da dor física. Foram três dias e três noites. O número três é o catalisador que mencionamos ao longo deste livro. Os essênios precisaram de três dias para criar uma onda de amor incondicional à volta da Terra.

Durante aqueles três dias, todos que estavam no Caminho da Luz enviaram amor incondicional a Jesus Cristo, que serviu como tórulo dessa energia que fluiu para a rede cristalina da Terra e se conectou ao cristal do Deus Substituto e, pelo seu corpo, em direção às Plêiades (o Universo). A energia arco-íris do amor incondicional fluiu durante três dias e três noites, para limpar e purificar a humanidade. Em nosso âmago, todos nós desejamos ser amados, não importa quem somos e, assim, todas as almas que queriam ou precisavam de amor se beneficiaram com essa energia. Aqueles que estavam próximos não receberam essa energia. A energia trabalha baseada na lei do livre-arbítrio.

O efeito foi extremamente bem-sucedido. O que aconteceu ao redor da Terra foi fenomenal. Finalmente, os corações da humanidade se juntaram (por um momento muito curto, porque todos precisam de amor). Sem se importar com religião, fé, crença, raça, grupo econômico ou países, TODOS finalmente concordaram em iniciar o ano um do calendário que conhecemos hoje. É claro que seus historiadores têm uma explicação lógica para isso, mas temos a nossa. Foi o amor incondicional mantido durante três dias por todas as almas favoráveis que marcou a mudança do tempo. A morte de Jesus Cristo ofereceu à humanidade a chance de um novo começo. O centro da Terra irradiava amor incondicional. Os humanos, fossem sementes terrestres ou sementes estelares, receberam o chamado da alma para se tornarem amor incondicional, guardiões da frequência e guardiões do cristal. A cada geração, algumas pessoas devem passar a tocha do amor e a da luz para a geração seguinte. Nesse momento, pedimos a todos vocês que se tornem guardiões da frequência (e protetores do amor e da luz). Isso não o manterá preso no ciclo de encarnações porque você pode, conscientemente, se desconectar dessa função no final de sua vida natural.

Os Filhos de Belial giraram a história de Jesus Cristo de forma que ela funcionasse para eles poderem controlar a maioria da população. Eles tiveram de acrescentar alguns cenários sombrios, durante os últimos 2 mil anos, para tirar o sorriso que tínhamos em nossos corações naquele dia.

Regras atlanteanas antigas seguidas pelos essênios

A Trindade

1. Amor, bondade e compaixão;
2. Respeito, disciplina e regras estabelecidas pelo amor;
3. Ensine por meio de exemplos, dê espaço ao experimento e deixe espaço para o crescimento de sua alma.

Aceite o amor incondicional, respeite a escolha dos outros e ensine por meio de exemplos.

Seja gentil consigo e com os outros, siga a disciplina que você criou para manter o corpo e a mente saudáveis, permita-se espaço para experimentar, honestamente, aquilo que funciona ou não para você.

Tenha compaixão em relação à vida, estabeleça regras com a energia do amor para realizar seus objetivos, e permita-se espaço para o crescimento da alma.

Essas regras simples, porém eficazes, foram criadas com amor incondicional para sua alma e podem ser aplicadas a qualquer aspecto de sua vida. Para ser um bom pai, uma boa mãe, irmã, irmão, empregado ou patrão, essas são as regras que também gostamos de seguir (e relembramos para você que elas existem).

Se você se identificar com essas regras, sentirá isso em seu coração e em sua alma. Caso contrário, nós o encorajamos você a continuar procurando alguma coisa que funcione exclusivamente para você.

A cura da alma em relação a esse período é realizada pela pura compreensão de que Jesus Cristo esteve aqui para mostrar que todos vocês são como ele, e cada um de vocês tem as habilidades dele. Ninguém é mais especial. Cada um de vocês é seu próprio curador e seu próprio guru, e ninguém deve ser colocado em um pedestal e ser venerado. Não importa quem você foi, especificamente, em suas vidas passadas, interessa apenas quem você é hoje.

Reserve um pouco de tempo para penetrar em seu interior e questionar seu medo de religiões, de crenças e de grupos espirituais. Identifique os momentos em que se sentiu controlado por eles e pelos medos de pensar que algo aconteceria caso você não tivesse as mesmas crenças que eles. Simplesmente compreenda que eles eram apenas humanos tentando controlá-lo, seja nesta vida ou em vidas passadas. Quando se tornar consciente disso, o próximo passo será o perdão. Por quanto tempo você permitirá que todos esses medos e raivas o controlem?

Perdoe e retome o poder de sua alma. Imagine que você faz parte da consciência cósmica do Cristo que está na Terra. Todos vocês são Jesus Cristo e todos vocês são Maria Madalena. Todos vocês possuem as energias divinas masculinas e femininas. Mantenha-se humilde e controle seu ego.

Capítulo 10

As Mulheres Sábias e o Julgamento das Bruxas

"Quando você sentir que caminha por um túnel escuro envolvido por sentimentos de medo, pare um momento, feche os olhos e respire profundamente. Saiba que as suas irmãs de alma, a Esperança e a Fé, estão sempre do seu lado. Segure a mão delas e permita que elas o guiem pela escuridão, até você avistar a luz novamente".

Aqueles que estão no Caminho da Luz e foram iniciados nos antigos ensinamentos atlanteanos sabiam que Jesus Cristo não morreu em uma cruz, mas eles não podiam revelar essa verdade a ninguém, pois ela anularia o efeito pretendido.

Nós gostaríamos que você observasse as mensagens ocultas nos números.

Nós tivemos 33 anos conscientes para elevar o nível de energia da Terra. O número três é o catalisador que faz a ponte entre a energia do passado, do presente e do futuro. Os três dias repletos de amor incondicional (para a Terra e seus habitantes) permitiram uma cura de alma significativa e abriu as portas para um futuro melhor.

Outra camada dessa energia incluía o número 6 (3+3=6). O número seis leva a consciência para o corpo físico e espiritual. Ele o orienta em suas escolhas, sejam elas criativas ou destrutivas. O seis é um número que permite que sua consciência reconheça o engano, caso você esteja disposto a vê-lo.

Em resumo, a energia desse acontecimento estabeleceu novas coordenadas para seu GPS utilizar no futuro, e ofereceu a você uma oportunidade para reconhecer o engano ou ser enganado. Finalmente, essa energia lhe dá o poder para se libertar e viver sua verdade.

Após a crucificação, os Filhos de Belial lutaram para recuperar o controle. Eles não podiam apagar a memória de Jesus Cristo, mas podiam usar essa mesma memória para seus propósitos de controle definitivo. Eles conseguiram isso glorificando Jesus Cristo por meio da religião e das sociedades secretas. Ao longo de milhares de anos, eles aprenderam que:

• As pessoas precisam acreditar em alguma coisa para buscar aquilo que elas creem ser a felicidade, e eles (os Filhos de Belial) podiam definir a felicidade para as pessoas.
• O ego quer se sentir no comando.
• A superioridade é algo pela qual eles lutariam em nome de Deus.
• Os humanos são seres ingênuos que podem ser enganados com truques baratos.
• Desde o início dos tempos, os Filhos de Belial se aproveitaram das fraquezas humanas e de seus vícios.

Eles utilizaram esse conhecimento para deter os Filhos da Lei do Uno. Usavam o nome de Jesus para controlar, matar e destruir todos que estavam no Caminho da Luz. Isso criou sua terceira grande ferida de sua alma, que se manifestou aproximadamente entre o século XII e o século XVI.

Maria Madalena

Após a crucificação de Cristo, determinadas partes das comunidades de essênios, famílias de almas intimamente ligadas, seguiram Maria Madalena em direção à Europa. Ela se tornou líder de sua comunidade. Ela continha a frequência da energia feminina divina (amor incondicional) e era altamente respeitada.

Para pessoas de fora, Maria Madalena deveria ser uma viúva ainda em luto, e as comunidades de essênios fortemente unidas estariam divididas e muito amedrontadas para praticar qualquer coisa.

Eles desempenharam bem seu papel, ninguém suspeitou que Maria Madalena estava grávida, nem que Jesus Cristo havia ressuscitado. Quando ela se mudou para a Europa, sua missão secreta começou. Ela foi bem treinada e era extremamente respeitada por todas as tribos secretas sobreviventes dos Filhos da Lei do Uno. Como adepta da Escola de Mistério, Maria Madalena devia se tornar professora mestre das Mulheres Sábias (e homens) que iriam, por fim, se dispersar e viver em tribos pacíficas pelo norte da Europa. Esse foi o início do que, mais tarde, ficaria conhecido como Ordem dos Templários, Maçonaria e outras sociedades secretas.

Eles sabiam que levaria algumas centenas de anos para conectar almas suficientes para criar outro amor incondicional catalisador. Enquanto isso, eles trabalharam para preservar e registrar os ensinamentos antigos que lhes foram entregues. Eles copiaram muitos dos antigos manuscritos e os guardaram em lugares em que seriam protegidos e partilhados com o mundo quando o momento certo chegasse. Eles escreveram novos livros para registrar a história, que foram chamados de Manuscritos da Verdade.

Seres antigos do interior da Terra os ajudaram como puderam, com seu conhecimento e protegendo os livros. Aos poucos, ficou mais difícil e mais perigoso manter essas ligações vivas.

Os Filhos de Belial, por sua vez, trabalharam arduamente. Eles corromperam a mente de pessoas muito boas. Ficou mais difícil encontrar pessoas, fora de comunidades muito pequenas, em que você pudesse confiar inteiramente.

Pensamentos envenenados, compostos pela traição de Deus ou sua eventual traição aos humanos, foram semeados nas mentes de muitas pessoas.

As mulheres sábias

O tempo passou e, por volta do século XII, as comunidades de Mulheres Sábias se desenvolviam silenciosamente em regiões isoladas do norte da Europa. Secretamente, elas mantiveram vivos os ensinamentos da Escola de Mistério. Seu conhecimento se estendia até a antiga Atlântida.

Muitas pessoas procuravam as Mulheres Sábias quando ficavam doentes, em vez de consultar médicos. Elas os ajudariam oferecendo remédios baratos ou fitoterápicos gratuitos, enquanto os médicos cobrariam uma quantia de dinheiro ultrajante e quase sem cumprir sua promessa de boa saúde. O relato mais notável acerca de sua crescente popularidade surgiu quando as pessoas começaram a pedir conselho às Mulheres Sábias sobre problemas da vida diária, como o amor, a abundância, a felicidade, etc. A orientação delas era prática e não cotinha o medo que proliferava nas religiões. Cada vez mais, pessoas comuns procuravam as Mulheres Sábias em busca de consultas.

O ato de ajudar as pessoas a saírem do medo e a entrarem no amor sempre enviou sinais de alerta para o lado sombrio. E foi assim que as Mulheres Sábias se tornaram detectáveis pelo radar do lado da escuridão. A luta pelo poder se tornou inevitável em um futuro próximo, embora ninguém tivesse consciência disso na época.

Com a nova e ampliada demanda pelo seu trabalho de luz, as comunidades de Mulheres Sábias ficavam frustradas enquanto esperavam que a energia fosse favorável o suficiente para mostrar a todos o verdadeiro Deus. Elas não gostavam da forma como as religiões utilizavam o nome de Deus para seus próprios fins de controlar todas as pessoas. Elas estavam fartas de suas mentiras.

Durante os últimos 1.200 anos, elas protegeram o conhecimento antigo, passando-o de geração a geração. Entre elas viviam algumas pessoas que ainda utilizavam as antigas técnicas atlanteanas para estender a expectativa de vida a algumas centenas de anos.

A única razão racional para alguém aumentar sua expectativa de vida seria para se tornar um Guardião Sábio (também conhecido como bibliotecário vivo). Esses Guardiões Sábios prestavam um trabalho de alma à humanidade e escreveram muitos livros para garantir que o conhecimento original fosse preservado para as gerações futuras. Eles transmitiram o conhecimento original para o futuro e prestaram um serviço de alma à humanidade. Para se tornar "temporariamente imortal", você deveria ter um forte propósito de alma. Essa seria a única forma aceitável para se tornar fisicamente imortal.

Essas pessoas tinham de viver no máximo sigilo, por isso essa prática desapareceu lentamente. Era perigoso para as comunidades esconder "imortais". Os Filhos de Belial eram ativos em muitas igrejas e pregavam a superioridade. Eles vasculhavam cuidadosamente em busca de qualquer indício de que os Filhos da Lei do Uno estivessem transmitindo seu conhecimento. Se fossem apanhados, o castigo seria terrível.

Em vez de focar na extensão da expectativa de vida, as Mulheres Sábias adotaram a antiga prática atlanteana de preparar as almas para a viagem à Terra, antes de entrar no ventre das mulheres. Isso garantia que algum do conhecimento antigo permaneceria com o bebê conforme ele se tornasse um jovem adulto, e que a porta espiritual não seria fechada. Essas almas recebiam ajuda para manter sua energia de vibração suprema e poder prosseguir em sua missão. Durante a infância, essas almas ouviram histórias sobre seus antigos antepassados extraterrestres, sobre o mestre Toth e outros. Aqueles que demonstravam um profundo interesse na espiritualidade eram orientados, em segredo, a aprender com os livros antigos. Os livros foram habilmente escondidos e eram de difícil acesso, caso contrário eles seriam queimados ou confiscados pelos Filhos de Belial, se fossem descobertos. Por essa razão, era mais seguro ensinar de forma oral.

Esses tempos foram frustrantes para todos. O conselho das Mulheres Sábias ponderou se devia seguir a orientação de Deus, ou se devia tomar providências para fazer mudanças na Terra.

As mulheres eram fortes e participaram em algumas guerras. O conselho das Mulheres Sábias concordou que, em vez de travar guerras, talvez fosse mais benéfico sair de seus esconderijos isolados, viver entre as pessoas e ensinar aqueles que estivessem abertos a receber o conhecimento. Aqueles que se apaixonassem poderiam se casar fora de sua comunidade, caso desejassem. A razão por trás desse movimento era que se um homem se apaixonasse por uma Mulher Sábia, ele mudaria lentamente, o que seria uma oportunidade para que aqueles em torno dele mudassem também. Uma família de cada vez. Eles sabiam que o amor é a energia suprema e que o amor incondicional venceria todos os males.

Os planos da oposição eram fortes. Eles praticavam lavagem cerebral nos homens para que estes acreditassem que possuíam algum poder superior, e que as mulheres eram boas apenas para gerar filhos, cuidar de seus homens, das tarefas domésticas, etc.

A caça às bruxas

Os Filhos de Belial tornaram-se, novamente, ameaçadores. Cada vez mais, as pessoas passaram a procurar essas Mulheres Sábias. A doença não distingue entre ricos e pobres, e ela surge quando você menos espera. As Mulheres Sábias podiam ignorar o sofrimento das pessoas, mas, em vez disso, escolheram ajudar. Até os homens estavam dispostos a dar ouvidos às mulheres que os curaram de doenças dolorosas. Elas recompunham ossos quebrados, curavam almas despedaçadas, levavam sabedoria e lembravam as pessoas de que havia esperança e fé. O nível de medo diminuía no barômetro coletivo, e o nível de amor incondicional subia.

Os Filhos de Belial precisavam descobrir uma forma de evitar essas coisas e, talvez, interrompê-las para sempre. Eles eram seres astuciosos e sombrios. Sabiam que, quando seus antepassados crucificaram Jesus, este tinha a capacidade de transcender o medo e a dor física com o objetivo de criar, na Terra, o amor incondicional catalisador. Eles estimavam que algumas das Mulheres Sábias tiveram o mesmo treinamento. Sendo assim, o plano para se livrar delas tinha de ir além da morte para assegurar seu afastamento. Eles debateram e discutiram até encontrarem um cenário assustador para as almas de luz.

As Mulheres Sábias seriam chamadas de bruxas. Seu trabalho de cura seria chamado de bruxaria e de trabalho do demônio. Qualquer pessoa acusada de bruxaria seria condenada, pelos oficiais, à morte.

Elas foram torturadas, violadas e seus filhos e entes queridos foram assassinados diante delas. Não gostamos de ser ilustrativos, mas em sua alma você deve se lembrar de ser forçado a presenciar essas cenas horripilantes enquanto se sentia desesperado e furioso. Furioso consigo mesmo, com sua comunidade e com Deus. Como algo assim poderia acontecer? Sua alma ainda guarda esse trauma daqueles dias, e muitos de vocês ainda têm um medo mortal de abrir essa porta proibida de conhecimento para seu próprio poder de alma.

A Caverna da Alma

Os olhos são as janelas da alma. Ao longo de cada encarnação, a alma registra todas as principais feridas de alma e as guarda na

Caverna da Alma. Se as feridas da alma não forem curadas durante a vida em que foram criadas, elas se manifestarão como bloqueios na vida seguinte, e continuarão a se manifestar até que a pessoa esteja forte o suficiente para analisar o passado e curá-las.

Os Filhos de Belial tinham conhecimento disso e o utilizaram em seu próprio benefício. Por meio da experiência, descobriram que, se torturassem você pessoalmente, você poderia simplesmente acolher e aceitar esse conhecimento, como fez Jesus Cristo. No entanto, se fizessem você testemunhar a tortura física e emocional de seus entes queridos, fazendo com que acreditasse que a dor deles era consequência de seus atos, isso abalaria e destruiria você. Por fim, você cairia no desespero, acreditando que tudo era culpa sua. Passaria a acreditar que ser uma Mulher Sábia ou um curador seria a própria maldição. Os Filhos de Belial sabiam que, se você visse seu filho morrer de forma lenta, brutal e dolorosa e não fosse capaz de salvá-lo, você se culparia e levaria essa informação para sua Caverna da Alma. Diria à sua alma para NUNCA MAIS usar essas habilidades, porque elas resultariam na morte de alguém que você ama. Essa informação anularia para sempre qualquer desejo de ajudar os outros, de ser um curador ou um sábio, porque você passaria a acreditar que sua família poderia sofrer em virtude de seus atos.

A Caverna da Alma é o sistema de manutenção de registros da sua alma, utilizado para armazenar apenas a informação referente a todas as suas vidas aqui na Terra, diferente do seu registro akáshico, que armazena informação de todas as suas vidas no Universo. Quando o cristal do Deus Substituto foi criado, no interior da Terra, para ancorar a energia de sua alma, seu eu supremo criou sua Caverna da Alma para monitorar os registros de cada vida. Foi um processo de ação e reação. O exemplo perfeito da dualidade, em que dois componentes trabalham em conjunto para que, um dia, a unidade seja atingida. O objetivo da Caverna da Alma é ajudá-lo a se lembrar do que você precisa curar em sua alma antes de poder desconectar sua âncora do cristal do Deus Substituto. O que acontece na Terra tem de ser curado na Terra, antes que você possa abandonar o ciclo de reencarnações e voltar para casa.

Cada vida terrestre é representada por um cristal. Apenas você tem acesso à sua caverna, mais ninguém. Sendo assim, os Filhos de Belial não tinham acesso à informação armazenada em sua Caverna da Alma. No entanto, eles podiam torturá-lo, para que você (por seu próprio livre-arbítrio) restringisse suas habilidades e parasse de seguir o Caminho da Luz para mudar o mundo.

Sua alma guarda os próprios registros dela para futuras encarnações, e quando você estiver pronto para reencarnar novamente, a alma envia essa informação para seu ego. O ego usará esse programa como seu "manual de sobrevivência" daquilo que você "não deve fazer". Em outras palavras, o ego tentará impedi-lo de repetir esse tipo de vida (exercitando suas habilidades) novamente, já que isso fez sua alma sofrer no passado.

A alma não pode ser verdadeiramente destruída, mas ela pode entrar em um estado de amnésia, recusando-se a colaborar com qualquer um ou qualquer coisa (mesmo Deus). Ela vaguearia pelo espaço, perdida e sem qualquer direção. Há uma unidade especial que auxilia essas almas e investiga os detalhes de como isso aconteceu. Nenhum ser (seja da escuridão ou da luz) quer ser responsabilizado por almas perdidas, porque o resultado disso não é bonito nem será assunto neste livro. Se você está lendo isso, muito provavelmente sua alma possui feridas profundas, mas ela não está perdida.

A guerra entre a escuridão e a luz

Durante a época da *caça às bruxas*, muitos de vocês passaram, às pressas, por encarnações e tiveram algo entre três a cinco vidas (alguns de vocês tiveram mais), e acabaram sendo queimados, afogados, desfigurados, decapitados, etc. Depois de cada morte, vocês se apressavam para voltar, ajudar sua comunidade e manter o Caminho da Luz vivo. Vocês tinham esperança e rezavam para aprender alguma coisa que ajudasse a deter esse terrível genocídio de almas que estavam no Caminho da Luz. E, como mencionamos, o objetivo desse tratamento cruel era fazer com que os seres da luz parassem definitivamente de utilizar seu poder e ficassem estagnados.

Os Filhos de Belial escondiam-se em casas religiosas que foram criadas para ganhar o poder supremo sobre a humanidade e, *pacificamente*, governar os homens da Terra com a espada do medo. Em suas mentes sombrias, nenhum ser de luz os desafiaria novamente.

Começa a luta

As Mulheres Sábias não desistiram. Elas eram lutadoras e sobreviventes. Lembre-se das amazonas, as corajosas mulheres guerreiras. Quando os inquisidores estabeleceram sua posição contra elas, e brutalmente as assassinaram, juntamente com suas famílias e em nome de Deus, *tornou-se algo pessoal*. Elas decidiram tomar o destino em suas próprias mãos e proporcionar esperança umas às outras.

Elas estavam tão furiosas e desesperadas para salvar sua própria espécie que não pediram a orientação de Deus. Pensaram que Deus não compreenderia a dor e o sofrimento que elas suportavam. Elas estavam desesperadas e desejavam vingança. Desde a época da Antiga Atlântida, continuaram a voltar, reencarnando na Terra. Elas tiveram a escolha de partir e voltar para casa, mas em vez disso, decidiram ficar, proteger a humanidade e manter a força da frequência do Amor e da Luz.

Ao longo de todos aqueles anos, elas continuaram a encorajar umas às outras a seguir adiante, mas agora, com as inquisições e a caça às bruxas, parecia que o crescimento espiritual da humanidade nunca aconteceria. Elas estavam cansadas de se esconder, cansadas de injustiças, cansadas de serem perseguidas e cansadas dos assassinatos de pessoas inocentes; tudo em nome de Deus. Elas estavam destinadas a serem assassinadas porque não ouviriam, de forma obediente e cega, ao devoto? Homens que distorciam a história antiga e reescreveram a Bíblia diversas vezes por nenhuma outra razão a não ser interromper o poder e conquistar o controle sobre a humanidade? Estavam destinadas a serem eliminadas da face da Terra apenas porque suas curas naturais eram mais eficazes do que a cura de pessoas que afirmavam ser médicos estudados?

Elas deveriam ser punidas por serem mulheres inteligentes que se recusavam a ser ninguém? Elas estavam fartas. O ego animal delas sentou-se, metaforicamente, como um demônio em seus ombros e incitou-as a encontrar uma solução para aquela loucura.

As Mulheres Sábias se reuniram para discutir (mais uma vez) como salvar sua espécie. Elas reavivaram rituais antigos, despertaram plenos poderes energéticos de almas e utilizaram essa energia contra aqueles que prejudicavam suas famílias. Foi como soltar um animal enjaulado. Hoje em dia, isso poderia ser descrito como enviar maldições poderosas contra o lado sombrio para deter o que eles faziam. As Mulheres Sábias trabalharam juntas, em consenso. Elas não gostavam de utilizar seu poder para causar o mal, no entanto, sentiam que não tinham outra escolha. Imagine como elas eram poderosas. Se você se identifica com isso, compreenda que você foi uma delas durante sua vida naquele período. Imagine as maldições energéticas que você era capaz de invocar. Doenças, confusão mental, acidentes, danos corporais, pobreza, demônios e morte eram algumas das maldições enviadas ao lado da escuridão. Lembre-se que você fez isso por desespero, não porque queria, mas porque sentiu que não havia outra forma. Você se sentiu constrangido.

Carma e maldições

Há uma diferença entre as energias do carma e as energias das maldições.

Em geral, o carma se manifesta em sua vida dependendo daquilo que você fez. Por exemplo, se você foi um ladrão em uma vida passada e roubou dinheiro dos pobres, então foi criado carma ruim. Nesta vida, você pode ser vítima de roubo ou de algum esquema monetário cometido por alguém que você considerava um amigo. Você pode perder uma grande quantidade de dinheiro antes de o crime ser descoberto e o culpado ser capturado ou detido. Você pode se sentir satisfeito porque a justiça foi feita, mas, no final, e apesar do resultado desse cenário, seu trabalho será perdoar essa pessoa e a você mesmo por ter entrado nessa situação. A energia do perdão volta para o carma de sua alma, e essa energia é curativa. Quando você estiver curado e livre desse carma negativo, nunca terá de repetir esse cenário novamente e, talvez, você alcançará a abundância perpétua, que é conquistada com honestidade e integridade.

Outra questão relacionada com o carma é que, atualmente, você vive em um período de apoio energético, o que permite que se torne consciente de seu carma. Assim, você poderá liquidar, conscientemente, sua dívida cármica e eliminá-la com a promessa de trilhar o caminho da luz. É muito fácil.

As maldições são outra história. Uma maldição que você realizou torna-se parte da potência energética de sua alma, que você doa, conscientemente, com a intenção de causar dano. Agora, por favor, ouça isso com emoções neutras. Este é o momento de perdoar e curar. Dizer que as pessoas mereceram isso não servirá como justificativa nesta vida. As maldições têm o efeito bumerangue. Elas voltarão para você como bloqueios horrorosos, obstáculos, energias ou entidades sombrias que você pensará que foram enviadas por alguém para destruir sua vida. Imagine que sua própria energia negativa, aquela que você enviou para prejudicar alguém a cerca de 400 anos, voltou para atacá-lo. Cada vez que você se purifica dessa energia, ela retorna para a vítima pretendida, mas será uma questão de tempo até que ela retorne para você, novamente. Ela viaja com você de uma vida para a outra, e viajará até você se libertar dela.

Em sua vida atual, você concordou em despertar plenamente para poder retomar o poder de sua alma. O poder/conhecimento de sua alma está no interior de sua alma, protegido pelo seu eu supremo. Ele não está em seu corpo atual. Você escondeu esse poder. Para encontrá-lo, você deve perdoar e curar sua alma, e só então poderá recuperá-lo.

O novo amanhecer

Por fim, as Mulheres Sábias compreenderam a verdade sobre a sabedoria antiga.

Você não pode ganhar uma luta do poder contra o poder. Isso só trará um alívio temporário até o outro lado revigorar seu poder. A única coisa que você criará com isso é um eterno ciclo de conflitos e sofrimento. Apenas o amor incondicional é capaz de curar tudo e terminar o ciclo.

No início do século XVI, as líderes remanescentes das tribos de Mulheres Sábias se reuniram para repensar sua estratégia de como terminar com os assassinatos desumanos. As maldições funcionavam, mas não eram fortes o suficiente para deter todo o lado sombrio. Infelizmente, elas sabiam que não poderiam vencer essa luta. Desta vez, meditaram e pediram orientação a Deus. Lamentavelmente, a energia do alinhamento planetário não era favorável a um acolhimento global do amor incondicional. Uma mensagem foi enviada pela Origem suprema dizendo que elas deveriam desligar sua energia. Isso significava diminuir a luz de suas almas até se tornar uma faísca de luz minúscula, quase inexistente, para confundir o lado da escuridão e ganhar tempo até o próximo ciclo de ativação estelar. Isso acabaria com a caça às bruxas e protegeria suas almas contra mais danos.

Nós gostaríamos que você meditasse por um momento e retrocedesse cerca de 400 anos. Sinta a recobrada confiança em Deus que surgiu com essas remanescentes Mulheres Sábias que concordaram em desligar sua energia em vez de exigir armas superpotentes para destruir o lado sombrio.

Elas estavam furiosas com o que acontecia e se sentiam impotentes? SIM! Novas armas eram a resposta? NÃO! Você conhece o ditado: "ser a melhor pessoa". Por isso, em vez de descobrir uma forma de destruir seu inimigo, elas confiaram que o amor prevaleceria, e elas todas deram um salto de fé. VOCÊ DEU UM SALTO DE FÉ, e VOCÊ venceu o lado sombrio.

Escondendo a essência de seu ser

Uma das características reconhecida nos Filhos da Lei do Uno era o fato de eles serem a personificação da verdade; eles não eram capazes de mentir ou enganar conscientemente. Poderiam esconder seus poderes e suas habilidades, e se algum deles caminhasse ao seu lado no mercado, você jamais saberia que tinha um mestre caminhando ao seu lado. No entanto, a bússola moral que eles tinham na personificação da verdade entregava-os quando se deparavam com uma alma implorando ajuda.

Apagar a luz dos Filhos da Lei do Uno significava ser, temporariamente, incapaz de ajudar os outros. Eles pediram ao seu eu supremo que mantivesse o poder de suas almas (o conhecimento) escondido, para que não pudessem acessá-lo. Imagine que você guarda esse poder em um cofre impenetrável e joga a chave fora. Eles tiveram de abrir mão de sua capacidade de ser a personificação da verdade para desativar, temporariamente, sua bússola moral.

Lembre-se de que *eles* são você antes desta encarnação, e você confiava plenamente em Deus e em seu eu supremo para o lembrarem de onde encontrar seu conhecimento guardado quando chegasse o momento apropriado. Para isso acontecer, cada um de vocês criou um símbolo pessoal, o símbolo da sua alma, que apenas sua alma reconheceria. Ele representa a verdade para você. Esse símbolo da alma tornou-se a energia que você deixou enterrada na Terra. Isso é o que você chama de consciência de Cristo, que espera por você na Terra. O símbolo da alma é a chave para seu cofre impenetrável, onde está escondido o poder de sua alma.

Por que você tem de, inicialmente, encontrar a chave?

Quando você é a personificação da verdade, nunca insulta o conhecimento que possui. Aquele que conhece a verdade universal e está no Caminho da Luz deseja servir as almas que estão prontas para ajudar.

Entrando nos anos inconscientes

As irmãs e os irmãos dos Filhos da Lei do Uno (as Mulheres Sábias) se reuniram uma última vez. Deram as mãos à volta de uma fogueira imensa e olharam-se nos olhos. Eles sentiram amor incondicional uns pelos outros, e sabiam que, após o ritual de encerramento da essência de seus seres, iriam seguir caminhos diferentes, em partes distintas do mundo. Eles esqueceriam uns dos outros e morreriam sozinhos. Sabiam que levaria algumas centenas de anos até se reconhecerem, conscientemente, outra vez. Lágrimas corriam por suas faces quando eles cantaram juntos, pela última vez, sob o céu noturno. Seus corações estavam dilacerados e, no entanto, esses homens e mulheres corajosos fizeram o que parecia impossível. Eles tomaram a essência de seus seres de luz, enviaram o conhecimento de cada um deles para seu eu supremo e enterraram os símbolos deles na Terra. Isso aconteceu, espontaneamente, em diversos lugares do planeta.

Durante cerca de 400 anos, você passou por várias vidas inconscientes. Você pode ter sido uma prostituta, um ladrão de banco, um soldado ou algo mais favorável, como um fazendeiro, um professor ou um compositor de música. A questão é que, muito provavelmente, você viveu muitas vidas que não teria escolhido se tivesse em posse de sua bússola moral. Se há algo negativo ou desfavorável que você se lembra dessas vidas passadas, perdoe-se. Lembre-se, você pode liquidar seu débito cármico tornando-se consciente.

Um grupo despertou mais cedo, e essas pessoas se tornaram faróis para deixar fragmentos de informação com os quais você pudesse se desenvolver (tais como Edgar Cayce, Bill Grey ou Ruth Montgomery, para nomear apenas alguns do início do século XIX).

O próximo ciclo de ativação estelar aconteceu em 2012, mas o chamado para a alma aconteceu antes do planejado (em 1945), quando vivemos uma explosão nuclear. Nenhuma tecnologia avançada deveria ser armamentizada, e todos passamos a nos preocupar com o futuro da Terra.

A história que você não ouviu

A jornada da vida tem muitas voltas e reviravoltas interessantes. Assim como as chamas gêmeas devem se encontrar, nesta vida, para transcender sua *vontade* em rendição e aceitação, você nasceu para encontrar aqueles que o prejudicaram para que os possa perdoar e perdoar a si mesmo. Apenas VOCÊ pode deter seu bumerangue de maldições.

Nesta vida, garantimos que você encontrará, ou já encontrou, seu *inimigo*. Você pode descobrir que um amigo desta vida foi seu inquisidor em uma vida passada. Talvez você esteja casado com seu *inimigo*, ou ele/ela veio como seu filho/a. Talvez um estranho cometeu um ato de bondade aleatório que salvou sua vida. O Universo traz vocês de volta, juntos, para vocês fazerem as pazes e encontrar a paz em suas almas. Essas pessoas já pagaram seus débitos cármicos. Todos vocês já sofreram o suficiente.

E você pode perguntar: como alguém se torna um inquisidor? Eles nasceram com um prazer para torturar, matar e violar? A resposta é não, as circunstâncias da vida os moldaram, os acuaram, e eles se tornaram isso. E se alguém oferecesse a você essa tarefa horrível e você dissesse não? Eles poderiam dizer que matariam sua irmã, sua mãe, sua esposa ou sua família se você decidisse não fazer esse trabalho. O que você escolheria? Os Filhos de Belial não tinham como alvo apenas uma pessoa, mas famílias inteiras. O medo é uma tática de controle muito poderosa. Quando alguém aceitava a posição, não havia escolha a não ser enfrentar a situação ou morrer. Trata-se de um mecanismo de sobrevivência programado. Muitos cometeram suicídio, o que não ajudou. Você pode começar fazendo algo que detesta e pode terminar sentindo prazer nisso. Novamente, trata-se de um mecanismo de sobrevivência. Lembra-se dos anunnaki e do juramento de sangue? O programa está em seu sangue até você anulá-lo. Medo, controle, prazer.

E, como se isso não fosse suficiente, eles também fizeram com que vocês traíssem uns aos outros. Eles o torturaram até você identificar, erradamente, sua irmã como sendo uma bruxa. E se alguém colocasse uma faca no pescoço do seu filho e mandasse você chamar sua irmã ou sua melhor amiga de bruxa? Quem você escolheria para morrer? Pergunta difícil.

Por que abordamos esse assunto? Eles não apenas cometeram crimes inenarráveis contra os entes queridos que você indicou como sendo bruxas, mas, quando você não tinha mais utilidade alguma para eles, eles fariam o mesmo com você. Eles forçavam sua irmã, ou sua melhor amiga, a traírem você, e ela também seria forçada a ficar ali e olhar nos seus olhos enquanto você era torturado e morto. Você a odiou por traí-lo, e talvez até amaldiçoou-a com seu último suspiro, enquanto ela observava com o coração partido, odiando-se o tempo todo por aquilo que fizera. Não surpreende o fato de você não confiar em ninguém e preferir se isolar dos outros. Em quem você pode confiar?

Você pode confiar em si mesmo, e também tem a opção de abrir seu círculo, novamente, às suas irmãs e irmãos. Perdoe-os. Perdoe-os. Perdoe-os. Todos vocês foram manipulados. Por volta do século XII, você ficou cansado de todos os transtornos e perseguições que aconteciam. Você decidiu parar de seguir Deus e tomou a fé em suas próprias mãos. Por volta do século XVI, você não tinha mais forças para prosseguir e fechou sua própria energia e parou de viver a vida que deveria viver.

Não há julgamento em nossas palavras, há apenas amor incondicional. Sentimos sua dor. Ouvimos sua alma pedindo ajuda. O que você começou, você tinha de terminar, e assim o fez. Você é o mais corajoso de todos! Agora chegou o momento de continuar. A questão é: você está preparado para fazer isso do seu modo ou está preparado para seguir Deus? O que o futuro lhe reserva?

O caminho para a cura

O perdão, o amor incondicional e a luz são os componentes da trindade que você precisa que o ajude para se libertar das maldições, dos pensamentos negativos e dos desejos que você enviou durante os momentos de desespero.

Já que isso era feito em um ritual, recomendamos que você também utilize um ritual. Os rituais o ajudam a focar seus pensamentos e sua energia. Caso se sinta oprimido por emoções na primeira vez que executar o ritual, dê tempo a si mesmo. Seja gentil com você mesmo. Repita esse ritual todas as vezes que encontrar alguém que você sinta que foi um inquisidor; ou alguém que você ou sua família enfrentou em vidas passadas. Apenas VOCÊ pode interromper seu *bumerangue* e libertar sua alma.

A revogação das maldições

Prepare três velas brancas, podem ser aquelas velas pequenas, decorativas, qualquer uma serve. Medite ou contemple suas intenções.

A primeira vela representa tudo de seu passado. Ela serve para perdoar a todos que, alguma vez, fizeram mal a você e à sua família. Ela também serve para perdoar você mesmo por ter estado naquela situação.

A segunda vela representa o presente e sua decisão consciente de se libertar de todas as maldições e energias negativas. A segunda vela é para o amor incondicional. É a energia mais elevada disponível para se libertar de todas as maldições, pensamentos negativos e desejos. Envie amor incondicional àqueles que prejudicaram você e sua família. Preencha-os com amor incondicional, e preencha a si mesmo com amor incondicional. Se você tem dificuldade em sentir amor, tente pensar nas pessoas, nos animais de estimação, nas comidas, em qualquer coisa que você ama e sinta o mesmo amor por aqueles que o prejudicaram, e também por você mesmo. Não há desculpas.

A terceira vela representa seu futuro. Ela é para a luz, para iluminar o Caminho de Luz de todos aqueles que você perdoou. Eles podem ver a luz e trilhar esse caminho, se quiserem. Essa luz também iluminará o mesmo caminho para você. Quando você estiver preparado, acenda cada uma das velas enquanto pronuncia sua revogação em voz alta. Faça isso com determinação e sentimento, fale a partir de seu coração, não de sua mente; de outra forma, você estará apenas pronunciando palavras vazias.

Primeira vela:

Com o poder do três,
Eu te perdoo.

(Essas são as pessoas que prejudicaram você, sua família e seus amigos).

Segunda vela:

Com o poder do amor incondicional,
Eu curo as feridas de nossas almas,
E desfaço todos os nossos vínculos de alma.

(Maldições ou pensamentos negativos uniram suas almas, criando o bumerangue).

Terceira vela:

Com o poder da luz,
Eu manifesto a luz interna
Em todos nós,
Para clarear o caminho
Rumo à nova vida.

(A escuridão e o medo dentro de nós já não têm o poder de nos intimidar).

Após o ritual, reserve alguns dias para refletir sobre o quão você foi longe, e o que virá a seguir. Não há mais nada o prendendo. A missão de sua alma, nesta vida, era curar. Você realizou isso. O que vem a seguir? O que gostaria de fazer? Como você pode ser útil?

Descobrindo o símbolo de sua alma

Só você saberá se está preparado para isso. Pratique a neutralidade em suas emoções todos os dias.

Crie um refúgio seguro para seu ego, seu ser físico (como descrito no capítulo 6). Diga a si mesmo, com frequência, que é SEGURO aceitar seus dons novamente.

Tranquilize sua mente, medite e pratique para se tornar um com o Universo. Coloque seus julgamentos de lado, questione seus medos, pois eles são dicas para o que deve ser curado.

Pratique a confiança em seu eu supremo e em Deus. Talvez você precise ter uma boa conversa com Deus para discutir e expressar o quanto você se sente/sentiu traído e furioso. Em seguida, ouça com o coração, conforme o amor incondicional adentra.

Peça para se lembrar do símbolo de sua alma e preste atenção aos sinais e às sincronicidades em sua vida. É possível que já tenha visto seu símbolo muitas vezes, você apenas não o reconheceu conscientemente no momento. Quando descobrir o símbolo de sua alma, a chave para sua alma, você saberá. Você terá um momento "AHA!" e muitas portas se abrirão.

Quando você redescobrir o símbolo de sua alma (pode ser um número, uma forma geométrica, uma imagem, pode ser uma forma física ou etérica) pegue, ou imagine, o símbolo de sua alma e realize este pequeno exercício:

Tome uma decisão definitiva de que não vai mais sofrer. Reveja sua vida, seja honesto consigo mesmo. Veja o que funcionou, veja o que não funcionou. Mais uma vez, se for necessário, perdoe a si mesmo e aos outros. Pegue o que aprendeu e use como uma base sólida. Você aprendeu MUITO nesta vida e no passado.

Quando você definir sua base (o que fez de você aquilo que você é hoje), aceite-a e preencha-se com o amor incondicional. Ame cada momento de sua vida, os dias bons e os dias ruins.

Coloque uma de suas mãos, com a palma voltada para baixo, em seu umbigo (3º chacra), e a outra mão, voltada para baixo, em sua garganta (5º chacra). Diga estas palavras e SINTA-AS (sinta as emoções) em seu corpo. Você precisa sentir a energia destas palavras – as palavras são vazias se a energia de suas emoções não estiver nelas.

Eu vivo a verdade!	(3º chacra)
Eu falo a verdade!	(2º chacra)
Eu sou a verdade!	(4º chacra)

Em seguida, troque as mãos com um movimento em sentido horário. A mão que estava no umbigo irá para a garganta, e vice-versa. Repita. Leve o tempo que achar necessário. Respire pelas palavras e SINTA-AS.

Como passo final, coloque as palmas das duas mãos sobre seu coração e inspire esse símbolo. Una-se ao seu símbolo e aceite esse símbolo como parte de você.

Agora, imagine esse símbolo viajando para seu eu supremo (ele é sua chave), para desbloquear o conhecimento que seu eu supremo guardou para você durante algumas centenas de anos. Seu símbolo se tornou um com seu eu supremo e seu corpo (chave + conhecimento da alma). Seu símbolo leva dois pedaços de sua alma que foram partidos para seu corpo físico. Você está completo. Imagine que está com suas irmãs e seus irmãos perto de uma fogueira, e você recupera aquilo que escondeu por tanto tempo.

Quando fizer isso honestamente e com o coração, permita-se existir e sentir sem nenhum medo. Você embarcará, então, em uma nova viagem. Realizará todas as tarefas físicas com honestidade e integridade (eu vivo a verdade!). Você sempre se expressará com sinceridade, sem mentiras ou promessas vazias (eu falo a verdade!). Você se tornará seu eu supremo, e a porta para verdades ancestrais se abrirá para si. Você se tornará a personificação da frequência da verdade (eu sou a verdade!). Sua faísca acenderá outras.

Concluindo, liberar maldições impedirá que o efeito bumerangue que causa bloqueios retorne em sua vida. Descobrir o símbolo de sua alma abrirá uma porta para a biblioteca ancestral de conhecimento que está escondida em seu eu supremo. Essa é a forma de voltar para casa. Às vezes, você tem de refazer seus passos e juntar os pedaços partidos de sua alma para encontrar a verdadeira essência de seu ser e poder continuar sua viagem.

Capítulo 11

O Campo Quântico das Possibilidades Ilimitadas

"O futuro não é imutável. Ele está em suas mãos."

A confiança é a chave, e a orientação interior é o mapa para o campo quântico de possibilidades ilimitadas. Você pode escolher viver nesse campo quântico e confiar que tudo se ajustará da forma necessária. Quando você confia, não controla o resultado. O resultado será um produto divino de sua confiança.

Agora lhe perguntamos: depois de tudo que suportou, você se abrirá novamente para outra viagem de possibilidades? Você se sentirá seguro para recuperar o símbolo de sua alma? Você confiará no conhecimento que seu eu supremo partilhará consigo? Você confiará na orientação divina?

Se sua resposta for "sim", então estamos do seu lado nesse caminho, cercando-o com amor incondicional.

Olhe para o seu passado. Você caiu diversas vezes em virtude da sua falta de confiança. As vidas em que você realmente confiou na orientação divina não se manifestarão como bloqueios. As memórias dessas vidas aguardam, escondidas dentro de você, como um velho livro inestimável e empoeirado oculto no canto mais escuro da biblioteca. Essas memórias esperarão por você até que esteja pronto para chamá-las de volta. Elas estão ligadas à orientação divina para que você compreenda seu verdadeiro significado. Por exemplo, a Tábua de Esmeralda lhe será inútil até que você esteja preparado para compreendê-la por meio da mente divina, em vez de utilizar a mente do seu ego humano.

O próximo passo

Quando você neutraliza seu ego, faz dele um aliado, em vez de um protetor narcisista. Curar suas vidas passadas e as feridas de sua alma o posicionará no número 8 da sequência de Fibonacci. Você está se tornando Deus. Você está a um passo de alcançar o cristal do Deus Substituto, e a um passo mais perto da remoção de sua âncora.

O plano original da vida foi criado de forma a nunca permitir que você chegasse a esse passo enquanto ainda estivesse em seu corpo físico. Isso poderia ser interpretado como uma ameaça pelos Filhos de Belial, pois eles poderiam acreditar que você descobriu os esquemas sombrios deles. No entanto, as regras mudaram, e agora vivemos em um período de maior apoio espiritual, que foi desenvolvido para ajudá-lo a se lembrar de quem você realmente é. E isso pode permitir que alguns de vocês atinjam esse nível de consciência enquanto ainda estão no corpo físico.

Os Filhos de Belial sabiam que o futuro não é imutável. Ele sempre pode ser alterado. Em virtude disso (quando você se torna consciente), o lado sombrio o seduzirá com falsos dons, falsas profecias e falsa direção, para que você se sinta superior ou amedrontado, ou como se buscasse algo que nunca encontrará, em vez de permanecer humilde, neutro e no seu caminho.

Não se iluda. Não há, e não haverá, uma segunda volta. TODOS vocês estão NELA. Cristo está dentro de vocês. Vocês são os criadores e estão semeando a nova humanidade. A nova humanidade não é semeada com sementes que crescem em jardins ou que você recebe por correio, ela é semeada com seus próprios códigos de luz ativados. Quando VOCÊ muda, torna-se um "novo" ser humano. Quando você passa pelas "três armadilhas" (descritas no capítulo 3) e permanece humilde, confiando na orientação divina e preparando seu GPS interior para servir a humanidade, você se tornou um novo ser humano. Quando as pessoas querem viver como você, com honestidade, integridade e com o coração pleno de amor incondicional, você será o semeador mestre de uma nova raça humana.

A superioridade é apenas temporária. O lado sombrio se livrará de você assim que você não for mais necessário. Você cairá e culpará Deus. Achará que Ele não o ajuda, que Ele não o ama, que ele permite que você sofra e que Ele traiu você. Isso aconteceu muitas vezes no passado. Deus é esse "Ele" a quem você se refere? Quem você realmente culpa? Você está tão amedrontado que não aceita que foi enganado por alguma coisa que achou que era Deus, porque essa coisa fez seu ego humano se sentir bem e você, temporariamente, teve "aquilo" que desejava?

Deus não é nem homem nem mulher. Em sua dimensão, Deus é a imensidão de amor incondicional. Em dimensões superiores, Deus é a paz sem forma, sem cor, sem som e sem emoção. Ele apenas é. Esse "Ele" criou muitos sistemas solares, todos diferentes, para conceder à sua alma as experiências que ela deseja.

Relembrando suas memórias

Você pode ter sonhos, vislumbres ou uma obsessão inexplicável para encontrar a Atlântida. Imagine que você consegue lembrar totalmente de quando era um extraterrestre, ou se lembra do conhecimento que tinha sobre as tecnologias avançadas.

A memória de Jesus Cristo ainda está viva, depois de mais de 2 mil anos. Pense naquilo que você realizará quando despertar a consciência de Cristo dentro de si.

Você ainda utiliza a fitoterapia, mesmo depois do que aconteceu com você quando era uma das Mulheres Sábias. Imagine o quanto poderá ajudar os outros quando se lembrar totalmente de todo o conhecimento medicinal que está preso dentro de você. E como utilizará esse conhecimento para curar doenças, como fazia antigamente.

Essas são suas três principais vidas passadas, há muitas outras, mas essas foram as que causaram o maior dano à sua alma. Agora que sabe como curar sua alma, você pode, de forma consciente e segura, relembrar suas memórias. Você é descendente dos antigos atlanteanos. Não ocupa o mesmo corpo que possuía na Atlântida, mas ainda tem a mesma alma. Você reencarnou em corpos físicos de diferentes cores, sexos, orientações sexuais, fés, religiões, etc. Por quê? Porque os humanos continuam se distanciando e apontando o dedo uns aos outros, pensando que uma crença é melhor do que a outra. Porque os humanos se afastam com mais rapidez do que crescem em conjunto. Você veio para reparar isso tudo e para ajudar a construir a base para uma nova e melhor humanidade.

O novo humano

Após atingir e se estabelecer no número 8 da sequência de Fibonacci, você explorará os números 13 e 21. Você passará por vários renascimentos enquanto seu novo humano define a nova personalidade que ele terá. O novo você utilizará seu DNA ancestral enquanto viver em um recipiente humano. O novo você será capaz de viver entre a terceira e a quinta dimensões sem esforço, como fizeram seus antepassados. O novo você viverá com o coração (não a mente) e usará, eficazmente, a telepatia, a empatia, a clariaudiência, a clarissenciência, etc. O novo você será capaz de se conectar com a mente universal e criar as novas invenções que farão da Terra um lugar melhor.

Os Maias deixaram um presente para você antes de deixar sua dimensão. Eles criaram o calendário, e o calendário terminava no ano 2012. Fizeram isso para que você soubesse que, agora, você está em um período energético de novos começos. Você tem a opção de se tornar um novo humano, totalmente consciente de suas habilidades ancestrais, que criará possibilidades ilimitadas para alterar sua própria realidade, ou você repetirá a história e voltará, novamente, ao início.

Se você criar a partir do nível do medo, criará uma realidade baseada no medo. Se criar com uma percepção limitada, você criará uma realidade baseada no limite. Se criar a partir "daquilo que quer e daquilo que acha que é o melhor para este mundo", você criará uma realidade baseada na tirania e controlada por uma pessoa (embora, em sua mente, suas intenções sejam positivas). O que pode parecer positivo para você pode soar controlador para outro.

Se você colocar suas necessidades pessoais totalmente de lado e confiar na orientação divina, você criará a partir do amor incondicional e criará uma realidade baseada no amor incondicional. Não será a mesma realidade para todos vocês, mas ela irá variar de acordo com as necessidades de cada um. Todos ficarão felizes. Por exemplo, os carnívoros comerão seu bife no jantar, e os vegetarianos apreciarão sua quiche de espinafres. Ambos serão felizes, em vez de julgar um ao outro.

O amor incondicional é o mais elevado tipo de frequência para o corpo físico.

O amor é como uma poção mágica. O amor é a essência de cada milagre. O amor transforma o impossível em provável. O amor é cego. O amor é deslumbrante. O amor é aquilo que todos nós desejamos verdadeiramente, independentemente de que lado você estiver (o lado da escuridão ou a lado da luz).

Começamos este livro com uma história de amor e terminaremos com uma história de amor.

Um dos Filhos de Belial se apaixonou pela Filha de um dos Filhos da Lei do Uno. Uma chama gêmea de amor foi acesa e nasceu a esperança. Eles puseram suas diferenças de lado e viam, um ao outro, como algo que ambos sentiam falta em seu interior. Eles se completavam, e um tornava o outro completo. Abandonaram os seus sonhos individuais e encontraram a harmonia em seu novo objetivo de criar o Céu na Terra, tornando-se portadores da frequência para o amor incondicional.

Eles embarcaram em uma viagem de cura ancestral mútua. Juntos, aprenderam que um não é melhor que o outro e que não havia necessidade de culpar ninguém pelo passado. A cura ancestral criou um catalisador na vida deles. A abundância espiritual e monetária entrou na vida deles. Quando você olhava para eles, eles eram a personificação da felicidade e do respeito mútuo. Eles decidiram abrir um centro espiritual para ajudar outros em suas transformações. O conhecimento antigo era ensinado com amor incondicional, e todos seguiam as regras do centro. Esses dois se tornaram um exemplo vivo para outros seguirem e criar a vida que os humanos desejavam.

Surgiram desafios quando eles ficaram muito ocupados com o crescente número de interessados que aparecia em seu centro espiritual para aprender. Alguns dos buscadores tiveram sucesso em suas transformações, mas aqueles cujo ego os decepcionou e não conseguiram se transformar, culparam o Filho de Belial e a Filha dos Filhos da Lei do Uno pelo seu fracasso individual.

O Filho de Belial e a Filha dos Filhos da Lei do Uno confiaram um no outro e seguiram a orientação divina. Eles sabiam que não poderiam ajudar aqueles cujas almas não estavam preparadas. Em vez de ficarem chateados com isso, eles falavam de seus sentimentos com frequência, entre si, e se apoiavam com amor incondicional. Eles eram equilibrados, sábios e estavam envelhecendo. No final de suas vidas, tinham curado completamente as suas almas. Estavam prontos para desconectar suas energias do cristal do Deus Substituto e voltar para casa. O centro espiritual que eles criaram estava bem estabelecido, com professores verdadeiros que eles treinaram para que os novos buscadores continuassem a aprender após sua partida.

O ciclo deles estava completo. Certa noite, quando estavam deitados na cama, eles deram as mãos e souberam, simultaneamente, que estavam preparados para sua próxima viagem. Quando suas almas deixaram seus corpos, eles ficaram exultantes de felicidade. Dessa vez, suas almas curadas subiram bem alto e não ficaram presas no Céu 4D, e foram passar algum tempo com suas famílias de almas em Órion e nas Plêiades, antes de iniciarem sua nova viagem de se tornar um com o Universo. A viagem deles na Terra terminou.

Nós amamos você incondicionalmente – Os Pleiadianos.